問題解決
プロフェッショナル
思考と技術

工作的原理
解决问题篇

[日] 斋藤嘉则 著

朱悦玮 译

后浪

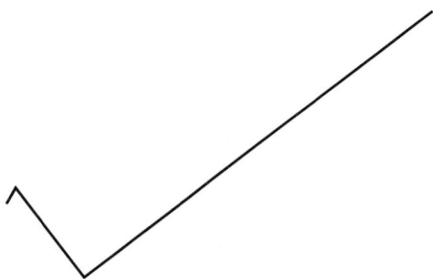

民主与建设出版社
· 北京 ·

前言 写在新版发行之际

本书《工作的原理·解决问题篇》初版于1997年1月发行。当时绝大多数的商务人士对于"解决问题"这种思考方法都十分陌生。这本书在刚出版的时候不知道应该将其摆在书店的什么位置，没有任何一个书架上有这个分类。

咨询顾问作为"解决问题的专家"，在任何情况下，对于客户提出的各种各样的问题，都必须在有限的时间内找出真正的问题，设定合适的课题，提出具体的解决方案。因此，咨询顾问必须进行彻底的基础训练。也就是说，"解决问题"的思考与技术是咨询顾问在商业活动现场的必修科目。

从本书初版发行至今已经有21年，现在"解决问题"已经成为每一位商务人士都必须掌握的基础技能。这本书重印35次，作为常销书籍经久不衰，在本书出版之后，有许多出版社也出版了同类书籍，书店中甚至出现了"解决问题"这一分类的书架。

尽管出现了如此多的同类书籍，仍然有很多商务人士选择这本书，并且有逐渐增多的趋势。如今，本书已经成为就职的必读书，被许多大学生争相阅读。一般来说，商务类书籍很难在出版许多年之后仍然保持稳定的销量。本书之所以能够成为常销书，正是因为我在创作本书时就将其定位为一本教科书，尽可能地针对"解决问题的基本思考方法"进行通俗易懂的解说。因此，在本书的新版发行之际，我对基础内容几乎没有做出任何的更改。

然而，如今全球的经济和社会环境都发生了巨大的变化，本书中的一些为了说明解决问题的基本思考方法而选取的企业案例，已经不符合当今时代的情况。

虽然选取的这些企业案例只是为了帮助读者更好地学习解决问题的基本思考方法，但如果该企业的事业环境和经济状况发生了变化，那么对读者的认识和理解问题还是会造成一定的影响。为了让新时代的读者能够更准确地理解本书的内容，我对企业案例部分进行了修订，于是便有了"新版"的发行。

但是，思考方法的说明的部分仍旧没有任何改动。因为之前就收到很多读者的反馈，大家认为本书的说明通俗易懂而且非常具有实践性，所以我没有修改这一部分。至于应用篇的思考方法，我计划今后会找机会专门出一本书来进行说明。

斎藤嘉则

初版序

　　过去的理论、范式和经验已经不再适用于当今的时代。日本经济处处都面临着范式突变（Paradigm Catastrophe）的局面。所谓范式突变，指的是过去构筑起来的强项不知何时已经消失殆尽，加上环境的变化超出了预期，导致无法利用过去的范式解决当前的问题，也就是立于危崖之上的状态。

　　尽管无法解决的问题堆积如山，但反过来看，在发生变化的地方一定也会存有商业机会。我不能绝对地说过去的指标不适用了，过去的理论不适用了，过去的范式也不适用了。

　　咨询顾问作为"解决问题的专家"，经常要面对客户提出的各种各样的问题，并且必须在有限的时间内给出解决方案。这个解决方案不能是纸上谈兵，必须是能够立即执行并且取得成果的方法。因为咨询顾问必须在人力、物力、财力、信息，以及时间的制约下思考解决方案，所以作为咨询顾问，要经常进行解决问题的基础训练。如果不掌握解决问题的基本技巧，那么无论掌握多少管理理论和经济理论，分析过多少案例，也无法在实际的商业活动中派上用场。

　　要想将范式突变产生的变化转换成新的商业机会，最需要的不是有关新"范式"的知识，而是凭借自己的力量创造出独特的"范式"，以及解决问题的基本技能。无论你身处哪一行业，无论你是不是该领域的专家，这都是必须掌握的基本技能。

我在美国的咨询公司麦肯锡工作时，给自己制定了解决问题的3个行动规范，"正面心态""逻辑思考""转变范式"。"正面心态"（Positive Mentality）就是永不放弃的积极态度，"逻辑思考"（Logical Thinking）就是字面意思，"转变范式"指的是从传统的模式中跳出来。我利用这个规范来解决问题，为客户企业的负责人指出总体的方向。同时，我也将其作为雇用咨询顾问时的雇佣标准。后来，无论是进入某大型家庭用品生产企业担任总经理，还是独自创业，我都将在麦肯锡时代学到的解决问题的思考技术作为实践的方法论应用于商业活动的现场中，并且让其有更进一步的发展、进化。

本书整体构成

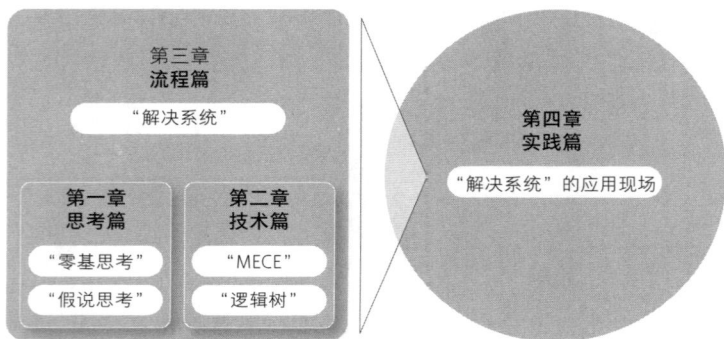

第三章
流程篇
"解决系统"

第一章
思考篇
"零基思考"
"假说思考"

第二章
技术篇
"MECE"
"逻辑树"

第四章
实践篇
"解决系统"的应用现场

这就是我在本书中为大家介绍的解决问题的两个思考方法"零基思考""假说思考",两个技巧"MECE""逻辑树",以及一个流程"解决系统"。这些思考方法并不难,只是将我们每个人平时在无意识之间进行的解决问题的流程体系化,使其能够应用于商业活动现场而已。从第一章到第三章,我将基于具体的事例对每一个基本的思考方法进行通俗易懂的说明。在第四章中,我将为大家介绍我作为大型家庭用品生产企业的负责人,在对商品开发与销售系统进行重建的时候是如何活用"解决系统"的。

希望这本书能够让更多的商务人士成为"解决问题的专家",100%发挥出自己的潜力,活跃在企业的第一线。

斋藤嘉则

目　录

第一章

思考篇

"零基思考""假说思考"

"零基思考"与"假说思考"是解决问题时两个非常重要的基本思考方法（图1-1）。"零基思考"正如其字面意思一样，就是"从零开始对事物进行思考=摆脱'现有的框架'"，而"假说思考"指的是"当前的时间节点已有结论，然后采取行动"。

　　仅从上述文字来看，或许会有人觉得"这也太简单了"。但"理解"与"能够执行"之间有巨大的差异。而"理解""能够执行"与"取得好的结果"之间，存在着更加巨大的差异（图1-2）。请大家务必牢记，在商业活动的现场，如果不能取得好的结果那就没有任何价值。而"零基思考"与"假说思考"，就是让商业活动取得成功="取得好的结果"的思考方法。

　　这也可以说是创业者取得成功的必要条件。我在做咨询顾问时遇到的"获得成功的创业者"都有一个共同点，那就是他们都掌握这两种思考方法。如今日本经济正处于混战状态，要想把握住新的商业机会，在混战中获取胜利，每一位商务人士都必须掌握这两种思考方法。

　　我在开展商业活动的时候，就坚持以这两种思考方法为基

图1-1 使商业活动取得成功的两种思考方法

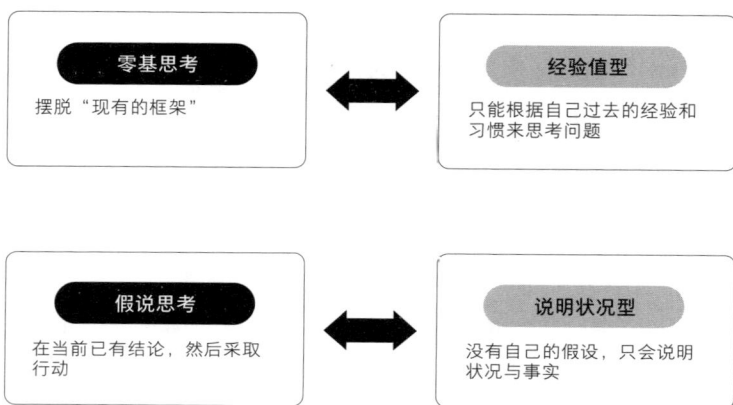

零基思考		经验值型
摆脱"现有的框架"	⬌	只能根据自己过去的经验和习惯来思考问题

假说思考		说明状况型
在当前已有结论，然后采取行动	⬌	没有自己的假设，只会说明状况与事实

图1-2 商业活动如果不能取得好的结果就没有任何价值，但"理解"与"能够执行"完全不同

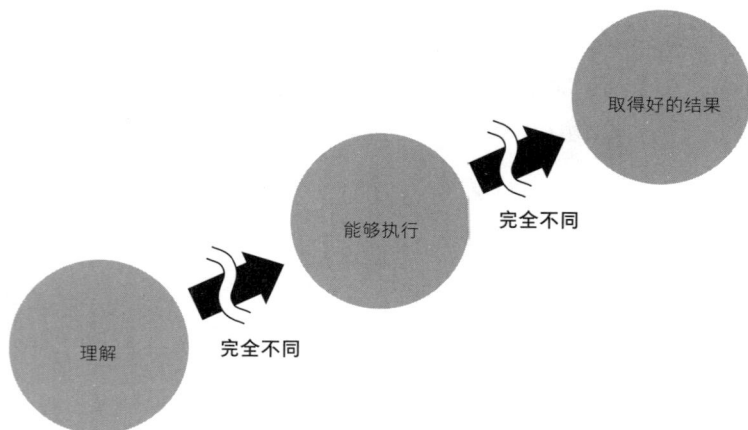

取得好的结果

能够执行

完全不同

理解

完全不同

础。接下来我将通过真实的案例来为大家介绍这两种思考方法是如何对我的行动产生影响的。

实践"零基思考"与"假说思考"

S公司是总部位于美国的大型家庭用品生产企业，主要生产塑料保存容器等厨房用品，几十年前进入日本市场。因为这家公司采用了对当时的日本人来说非常新颖的"家庭派对直销式"的销售方法，所以转眼间就在日本的家庭主妇之间普及开来。S公司的塑料保存容器是拥有优秀密封性的高品质、高价格的商品。身为销售员的主妇会在家庭派对上亲自展示商品的使用方法，这种方法提高了销售的附加价值。

但在多年以后，因为技术革新与生活水平提高等诸多因素，塑料保存容器不再是S公司的专属商品，变成了在家附近的超市就能买到的廉价商品。虽然S公司仍然存在，利用家庭派对进行直销的销售员们也仍然存在，但过去沿用了几十年俨然已经成为一种"习惯"的范式，已经开始拖累这个公司、这个公司的商品，以及其销售系统，曾经深受日本的家庭主妇们喜爱的商品，在竞争与时代的变化中也逐渐褪去了魅力的光环。

这种状况，绝对不仅出现于S公司一家企业之中。即便事业规模、行业领域和业态各不相同，但除了新兴企业之外，任何拥有一定历史的企业肯定都面临着类似的状况。不仅企业，就连日本这个国家现在所处的闭塞状况，也可以说和S公司的状况十分相似。在周围环境发生巨大变化的情况下，如果还死死抓住过去的范式不放，这样不但看不见未来的发展，更无法实现新的成长。这就是所谓的范式突变。

具有划时代意义的商品，会因为同类产品的不断出现而消失在大众的视野中，即便是非常新颖的销售系统，随着时代的变化，也会在不知不觉间落伍。等到有所察觉的时候，环境已经发生了巨变……在任何企业中，商品、服务、销售渠道甚至组织都会经历这种情况。曾经取得过成功的企业因为一直躺在功劳簿上睡大觉，以至于曾经的强项变成了现在的弱点却不自知，结果被时代淘汰，这样的案例也屡见不鲜。并且，从企业结构上来讲，很容易出现这种情况。因为被选为企业领袖的人，都是过去取得了成功、拥有实际成绩的人。

就算企业的负责人不满足于过去的成功，但要想改变曾经取得过成功的模式也需要巨大的勇气。而且，等到失败之后再想改变就来不及了。只有趁着成功积极寻找新的机会，才能在突然遭遇范式突变的时候不会感到措手不及。尽管也有一些企业，为了迎接即将到来的新时代敢于进行大刀阔斧的改革，但更多的企业却选择走上故步自封的保守之路。

S公司聘用我，就是为了让我带领整个公司进行改革。我作为总经理，肩负着两项重要使命。一是提高销售额，但仅凭现有的塑料保存容器这个商品无法实现这一目标，这就需要开发能够支撑起整个公司利润的新商品。二是对以家庭派对式的直销为中心的销售系统进行全面的改革。

　　我首先对整个公司进行了诊断。虽然我只需要对商品和销售系统这两方面进行改革就可以了，但导致公司陷入当前危机的根本原因究竟是什么呢？诊断的结果表明，挡在改革面前的最大阻碍是在S公司过去几十年间形成的观念，而且这一观念已经渗透进了S公司的方方面面。

　　人们常说在企业中无法开创新事业。尽管导致这一结果的原因有很多，但不管领导者的领导能力多么优秀（当然这只是最低要求），要想完全无视企业的体质开创新事业非常困难。就好像在一个完全不同的土壤里培养新苗，新苗完全无法成活也是理所当然的。但是，如果在选择幼苗时过度在意土壤，那么培养出的幼苗就会和之前的幼苗过于相似，不会成为新的品种＝无法实现新的成长。

　　商业活动的现场并不是非黑即白的，很多时候必须在灰色区域内寻找行之有效的办法。而且这种灰色还必须是色彩鲜艳的灰色才行。要想打破现有概念、找出色彩鲜艳的灰色，我最常用的就是"零基思考"与"假说思考"。

创造出打破现有概念的商品

　　我开发的第一个新产品是叫作"A-SLIM（暂定名）"的壶型净水器（图1-3）。这个壶型净水器由位于上方的净水过滤器和位于下方的水壶组成，上方的净水过滤器部分是S公司和某大型设备仪器生产企业H公司共同开发的，而下方的水壶部分则直接沿用了S公司常销几十年的商品"S-LINE（假名）"的模具制作而成。

图1-3   壶型净水器"A-SLIM"

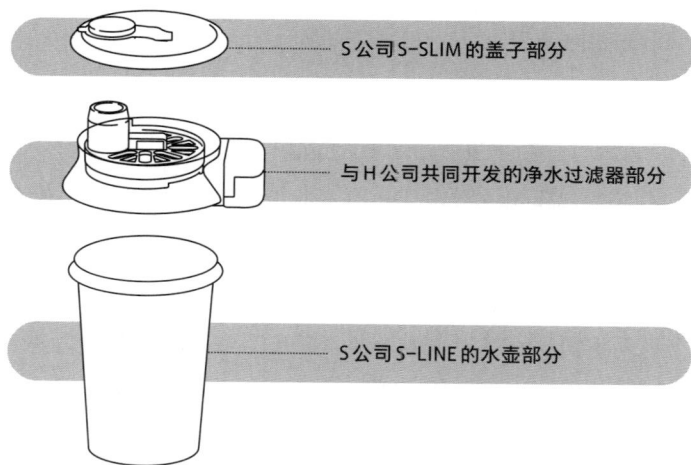

S公司S-SLIM的盖子部分

与H公司共同开发的净水过滤器部分

S公司S-LINE的水壶部分

　　也就是说，我在利用现有资源（模具）的同时，生产出了与保存容器完全不同的全新商品。另外，在当时日本的净水器市场上大多是东丽（TORAY）的东丽比诺（TORAYVINO™）和三菱人造纤维（Mitsubishi Rayon）的可菱水（Cleansui）等"水龙头直连型净水器"。我开发的"壶型净水器"，通过与之完全不同的形态，在零售店铺的竞争中抢占了先机。尽管现在BRITA、松下、三菱人造纤维以及东丽都推出了许多种壶型净水器，但在当时，壶型净水器可是具有划时代意义的崭新商品。这种壶型净水器能够直接放进冰箱里，让消费者随时随地都能喝到冰凉可口的安全饮用水。我也因为这项开发创意以及该产品优异的销售业绩，得到了美国总部CEO颁发的创新奖。

　　在开发之前给我造成最大困扰的，就是S公司对主力商品的那种执着，也就是"对拥有优秀密封性能的保存容器的制作技术价值的执着"。这种执着深深地根植于总公司员工、工厂工人、销售人员，甚至每个忠实的顾客心里。正是因为过于执着，S公司才迟迟无法从传统的商品中跳脱出来。

　　于是我开始思考是否能够在传统商品的基础上，制作出完全不同的全新商品。这个出发点可以说至关重要。我之前也向领导提出过许多新商品的企划方案，但都没能让对方从"执着"中清醒过来。即便领导在理性上很清楚当前的情况，但在感性上还是无法做出最后的决定。但是，我却无法放弃开发新商品的想法。因为从业绩的角度考虑，当时确实面临着"不得不推出新商品"的状况。于是我决定彻底摆脱"S公司的商品是保存容器"这一现有概念，从零开始，只将其看成是"单纯的塑料制品"。

　　或许有人认为这两者之间并没有太大的区别，但会这样想的人肯定不了解生产现场的情况。在外界看来"并不重要""理所当然"的事情，但现场的人却可能完全没有意识到，或者即便意识到了也无法改变，甚至完全找不到改变的方法。这就是所谓的当局者迷。

　　我将S公司"具有优秀密封性能的容器"当成"单纯的零件"，尝试利用其创造出全新的价值。这个全新的价值是什么呢？答案就是壶型净水器。塑料容器部分沿用S公司现有的模具，在上方加装一个过滤式净水器。净水器部分由S公司与H公司共同开发，H公司为制造销售电子除菌过滤式的龙头直连型净水器的大型设备仪器生产企业。

　　为什么我没有选择龙头直连型而选择了壶型呢？原因之一是"为了利用自己公司的技术"，还有一个原因就是S公司的销售系统只有家庭派对直销这一种渠道。当时净水器市场被东丽和三菱人造纤维这两家大型企业牢牢把持，还有许多企业尝试进入，价格竞争非常激烈。而直销市场的安利和得斯清（DUSKIN）也要进来分一杯羹的传言甚嚣尘上，可以说这是一个顾客需求非常高，竞争也十分激烈的领域。我想生产出一种既不会被卷入零售店的价格竞争，又方便家庭派对直销进行销售的商品，最终提出了"壶型净水器"的假设。

　　在这个过程中，我也遇到了"难以进入净水器市场""开发费用太高"等各种各样的阻碍。而且，开发预算几乎为零。公司方面说着要在新事业上投入力量，但等实际开展后就会说没有多余的资金投入新事业。即便如此我仍然没有放弃，我说服共同开发的H公司承担了绝大多数的开发成本，并且请亚太总部市场负责人出面说服一直对进军净水器市场犹豫不决的领导下定决心。

　　将A-SLIM导入市场，既是对"旧体质的挑战"，也是与"旧体质的融合"，更是"对新事物的尝试"。

　　通过这个A-SLIM的开发故事，大家能够发现"零基思考"与"假说思考"是打破现有概念的重要思考方法。

　　接下来我将详细说明这两个思考方法。

1 "零基思考"

——摆脱"现有的框架"

"零基思考"就是让自己从"现有的框架"中摆脱出来的思考方法。在商业活动的现场，总是存在着各种各样的框架。每当你想要解决问题的时候，是否总是在同一个框架中思考，或者过于在意他人已经决定好的框架？甚至被看不见的框架束缚，逐渐失去信心？身处在这样的框架中，能够找到的答案是非常有限的。

如果是商业活动的环境变化较小的时代，以及企业飞速发展的时期，在现有的框架中努力寻找答案确实能够使企业实现成长。但是，当环境剧烈变化的时代来临时，在"现有的框架"中很难找到有效的解决办法。因此，必须摆脱现有的框架，打破部门之间的壁垒，放弃关于未来的变化可能放缓的幻想，然后再开始思考。

"零基思考"有两个关键点。

- 不要在自己狭小的框架里一味地否定
- 思考对顾客有价值的要素

接下来我将分别对这两个关键点进行说明。

（1） 不要在自己狭小的框架里一味地否定

"现有的框架"是妨碍"零基思考"的主要因素，而其中最大的阻碍是我们自己。所以从个人的角度来说，绝对不能在自己狭小的框架里一味地进行否定。

在逻辑学的假设世界之中，如果对于整体的集合有明确的定义，那么只要在其构成要素中找出一个否定因素（如果这个不行，那么无论做什么事都绝对不可能成功的要素），很容易对事物进行否定。在我们的日常生活和商业活动之中，思考的框架与对象很容易被限制在一个非常狭小的范围内。大家是否都有过这样的经验：一旦有人提出"这个不行"的否定因素，自己也会跟着对方的思考得出"果然不行"的结论。在自己狭小的视野范围内，有时否定因素看起来会非常明显，结果导致我们对整体都做出否定的结论，这是任何人都很容易犯的错误。

特别是在商业活动的现场，因为很多事物都非常复杂地交织在一起，让人难以在一开始就认清整体状况，或者难以做出准确的定义。在这种时候，是否应该坚持在现有的框架内思考？这也是"零基思考"和坚持使用现有框架之间的分歧点（图1-4）。

如果从一开始就在现有的框架中按照一直以来的思考方法认为"难以解决"，那么就会使自己的思考被限制在狭小的框架内，从而无法发现位于框架外的解决办法，甚至可能导致自己开始不停地在框架中列举否定要素。另一方面，认为框架外可能存在解决问题方法的"零基思考"，能够打破狭小框架的局限，提高发现解决办法的

图1-4 "零基思考"的原点

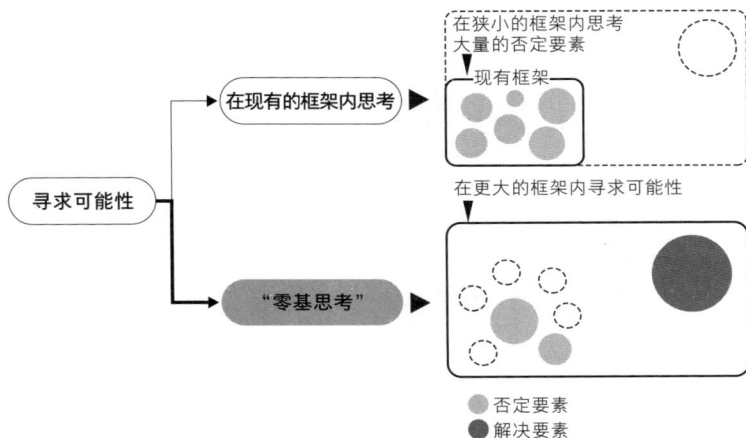

在狭小的框架内思考
大量的否定要素

在现有的框架内思考
现有框架

寻求可能性

在更大的框架内寻求可能性

"零基思考"

● 否定要素
● 解决要素

可能性。因为"零基思考"敢于尝试在传统的框架外寻找可能性，从这个意义上来说也符合"正面心态"的规范。

　　如果你现在的商业活动出现了问题，不妨在"这个问题有具体的解决方法"这一前提上，试着从零开始思考。当然，这样做需要耗费巨大的时间和精力。但是为了最终能够获取成果，以及作为商务人士的最低条件也请务必尝试一下"零基思考"。

（2）　思考什么对顾客有价值

　　或许有人认为"零基思考"很难做到，我这里有一个更简单的方法，那就是"思考什么对顾客有价值"。顾客不只是购买商品的用户，对人事部和总务部来说，顾客就是公司里的全体员工；

对信息系统部门来说，顾客就是使用该系统的员工。也就是说，每一个正常工作的人都有自己的顾客。如果一个商务人士没有任何顾客，那只能说这个人没有给企业和社会创造出任何的价值。

人们往往会在不知不觉中养成只站在自己的立场、自己部门的立场或者自己公司的立场上思考问题的习惯，以至于无法从现有的框架中挣脱出来。所以，"思考什么对顾客有价值"就显得尤为重要。或许会有很多人说："我一直都是这样做的。"就算嘴上说要站在顾客的立场上思考，但在实际执行阶段无法摆脱现有框架的情况也是屡见不鲜。在商业活动的现场，只有付诸行动才能开始解决问题。因此，如果不能在实际执行阶段摆脱现有的框架，则没有任何的意义。

为什么多数创业者能够成功地建立起自己的商业帝国？在开展以新颖的商品、划时代的技术、独特的销售系统为基础的商业活动时，他们不仅是开发者和生产者，同时也是一名非常善于思考的使用者。也就是说，他们在将自己的想法变为行动的时候，仔细地思考了"什么对顾客有价值"，并且能够将其贯彻到底。正因为他们充分地分析了什么对顾客有价值，所以即便没有深入地调查市场，也一样能够取得成功。

但大企业却很难做到这一点。因为随着组织的扩大，开发、生产、销售、营销、市场等功能出现了分化，管理阶层也愈发复杂，这就导致决策者与消费者之间的距离越来越远，难以了解到消费者的实际状态。现今流行团体采访也正是因为这一点。就算销售现场好不容易了解到消费者的真正需求，也难以将其直接传达给决策者。如果在信息传递阶段无法摆脱"现有的框架"，导致在执行阶段无法满足消费者的真正需求，那么一切的努力都是徒劳的。

无论是想要创建全新商业模式的风险企业，还是不得不改变主力事业的传统大企业，要想摆脱范式突变带来的困境，都必须掌握"零基思考"的方法。能够将急剧变化的商业环境转化为商机的企业将会实现飞跃性的成长，而做不到这一点的企业则会迅速消亡，这是显而易见的。

商业活动中的"零基思考"，并不意味着要像艺术领域中那样依靠一闪而过的灵感和直觉完全从零开始思考，只要能够从自己部门和自己公司现有的框架之中摆脱出来，思考"什么对顾客有价值"，就能将商业活动导向成功（图1-5）。

图1-5　　"零基思考"

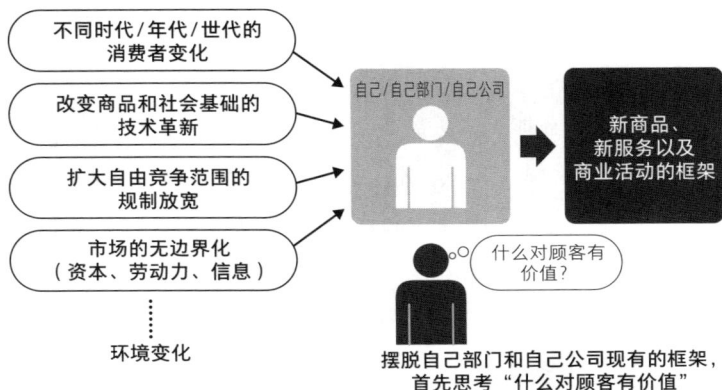

不同时代/年代/世代的消费者变化

改变商品和社会基础的技术革新

扩大自由竞争范围的规制放宽

市场的无边界化（资本、劳动力、信息）

环境变化

自己/自己部门/自己公司

新商品、新服务以及商业活动的框架

什么对顾客有价值？

摆脱自己部门和自己公司现有的框架，首先思考"什么对顾客有价值"

接下来让我们一起来看几个通过"零基思考"取得成功的案例。

案例1 **让消费者行为变化加速的决断**

西班牙的服饰生产企业ZARA在全世界73个国家拥有大约1500家店铺。在许多竞争对手都通过SCM①进行外包的情况下，ZARA却坚持所有商品的设计和流通都由自己来管理，生产部分的外包比例与其他公司相比也小得多。绝大多数的店铺都选择了直营店这一垂直整合的方式。

在同行业其他企业大多陷于发展停滞的状态下，到2010年为止，ZARA的销售额与利润却一直保持着以每年增加10% ～ 20%的速度在增长。

因为ZARA的每款商品的生产和流通的数量都很少，所以每款商品在店铺中陈列的数量都很少。一般情况下断货会导致店铺损失销售机会，但对ZARA来说这反而成了一种优势。因为顾客意识到ZARA的商品购买机会是有限的，所以会频繁地来店铺寻找自己中意的商品。一旦自己想要的商品断货了，顾客又会转而积极地购买当前还能够购买的商品。与竞争对手的店铺顾客全年平均来店次数只有4次相比，ZARA的店铺顾客全年平均来店次数高达17次。如此高的来店率又帮助ZARA节省了大量的广告费用，实现了良性循环。

---

① Supply Chain Management：供应链管理。——译者注

另外，ZARA还颠覆了"在商品生命周期较短、不确定性较高的市场中，不应该持有太多资产"这一常识，确保大约一半的商品都由自己的工厂生产，提高了整个组织的灵活性和自由度。

如果将上述内容一个一个单独地拿出来看，每一个都并非崭新的创意。即便如此，ZARA的做法仍然被认为是"与众不同""打破常规""具有颠覆性"，这是因为ZARA利用"零基思考"的方法构筑整个商业系统，并且将其贯彻到了执行的层面。

更重要的一点是，ZARA实现了顾客与制造现场之间顺畅、高效的沟通。这使得ZARA能够准确地把握消费者的行动与意识的变化，并且促进消费者的行为转变，帮助其成为一家收益和顾客满意度都很高的企业。

在日本全国各地随处可见的"罗多伦咖啡店（DOUTOR COFFEE SHOP）"也是利用"零基思考"取得成功的绝佳案例。其他咖啡店的咖啡价格大约都在每杯500日元，并且咖啡的味道差距也很大，罗多伦咖啡却以每杯150日元的低价提供非常美味的咖啡。如今，每家罗多伦咖啡的店铺每天都要接待几百至上千名顾客。甚至说罗多伦咖啡彻底改变了外卖咖啡的商务概念也不为过。

这个案例中的"零基思考"是什么呢？之前人们认为咖啡店一天不可能接待几百甚至上千名顾客，所以每杯咖啡的价格不能定得太低。但罗多伦咖啡打破了这一"现有的框架"，彻底分析了消费者的行动。除此之外，当时在日本国内并没有一天能够生产出1000杯以上新鲜咖啡的设备，而罗多伦咖啡通过从海外引进先进的咖啡机打破了这一"现有的框架"。利用海外的技术力量，实现了每天稳定供应 1000 杯以上高品质咖啡，这在以前是完全不敢想象的。

如今，许多日本人即便来到一个陌生的街区，也会下意识地寻找罗多伦咖啡的标志。因为每个人都知道在罗多伦咖啡能够以低廉的价格喝到美味的咖啡。罗多伦咖啡的经营理念很快就传到了海外，诞生于美国西雅图的星巴克咖啡、西雅图百斯特咖啡，以及塔利咖啡等咖啡连锁店就是其中的代表，美国的咖啡外卖市场也因此迅速扩大。

随后，星巴克咖啡与塔利咖啡的理念又再次传回日本，转眼间就覆盖了日本全国。其价格介于罗多伦咖啡和 Renoir 等传统的咖啡店之间，店面内部的装潢十分时尚，而且为顾客提供包含意大利浓缩咖啡在内的许多种咖啡，让顾客在来店消费的同时认识到"更好的自己"，这一追求消费者情绪价值的理念帮助其取得了巨大的成功。

以达美乐和 Pizza-La 为代表的外卖比萨，通过"外卖"这一与传统的订餐概念完全不同的配送系统，给消费者"自己做十分费力，但又想吃比萨"的需求增加了新的附加价值，创造出 2000 亿日元以上的新市场。

这个案例中的"零基思考"是什么呢？外卖比萨的"外卖"与传统订餐之间的根本区别在于外卖比萨店只送外卖，所以能够保证在 30 分钟内准时送达，而且还能够帮顾客省去吃完之后收拾餐具的麻烦（装比萨的容器可以直接扔掉），应对迅速。

而从收益的角度来看，因为外卖比萨没有堂食，所以完全没必要在客流量大的地方选择店面，只要有地方停车，那么就算店铺在人迹罕至的小巷里面也没关系。这样一来，外卖比萨店就不必为高额的店铺租金和豪华的内部装修烦恼，可以完全贯彻低成本运营的"生产工厂"。外卖比萨通过将"订餐"这一传统概念转变为"外卖"，成功地创造出了一个全新的市场和商业模式。

要说技术革新最显著的事例，当属堪称改变了日本冬季的优衣库的热门商品HEATTECH。这是优衣库与东丽达成战略合作伙伴关系后取得的成果，该商品2007年一经问世就获得了巨大的成功。

案例2　从消费者的角度看待技术革新

夏普将液晶技术广泛应用于摄像机、液晶显示器、液晶电视、手机等电子产品。这个技术也成为其实现飞跃性发展的原动力。而其根本性的技术是夏普与卡西欧在价格竞争十分激烈的电子计算器市场上共同获胜研发出的。从消费者的角度来思考应该如何运用这一技术，对于消费者来说的价值是什么，和本公司固有的技术组合时会生产出什么样的商品，对上述问题的认真思考和贯彻执行是夏普取得成功的主要原因。

在数字播放成为主流的现在，夏普已经在消费者中取得了"液晶=夏普"这样的成绩。从根本上说，夏普首先打破了"液晶

＝电子计算器"这一传统的思维框架，利用"零基思考"给液晶
赋予了全新的概念，将其作为事业展开的核心技术。夏普也一跃
成为当今的一流企业。

夏普的基本理念是"通过积累特有的产品成为第一"。夏普坚持
站在消费者的立场上开发商品，同时建立起一套完善的售后服务系
统。夏普在2010年1月为了进一步明确自身"用独创性推动社会变革"
的企业理念，将公司的口号变更为"独创改变未来"。这个新口号打
破了"现有的框架"，在"独创性"思想的指导下，夏普除了液晶之外，
又将力量投入到太阳能、LED、等离子等新兴基干技术的开发上，力
争成为能够为人类生活和社会做出贡献的企业。

如今，夏普致力于成为一家"环保先进企业"。夏普不满足
于只生产液晶这种"节能"产品，还在太阳能电池等能够产生能
源的"创能"产品上投入了大量的精力，在全球市场上与其他企
业展开激烈的竞争。

站在消费者的立场上不断进行技术革新的夏普，今后必将继
续推出更多对社会有意义的商品。

2001年东丽的财政出现赤字。当时东丽为了摆脱经营危机，
制订了管理计划NT21，力求向 New Value Creator（创造新价值）
转变。为了将公司的主力业务从"制造商品"转变为向顾客和消
费者提供所需的"新服务"、创建"全新的生产·流通体制"，东丽
加大了与量贩店等零售企业的合作力度，意图强化自身的服饰产
品部门。在与优衣库建立起战略合作伙伴的关系之后，东丽根据

在优衣库的销售现场收集到的销售与顾客信息，开发满足消费者需求的服装材料，最终研发出了HEATTECH。

HEATTECH能够吸收人体排出的水蒸气，从而让内衣材料发热，并保持这种温度从而达到保温作用，是具有划时代意义的商品。过去，人们在冬季只能穿内衣保暖，但一般棉质衣衫的排汗性差，而且很厚重，穿起来不美观，所以如何让保暖内衣变得美观就是关键。但一直以来无论保暖内衣做得多好看，也无法进入"时尚的内衣"的范畴。

而HEATTECH通过技术革新，确立了保暖内衣时尚且舒适的全新定位。在HEATTECH后续的开发中，优衣库与东丽又进行了抗菌、透气、保湿等功能性的改善，以及增加T恤、高领等多种款式，追求更高的时尚性。同时优衣库与东丽也没有忘记以消费者的需求为基础进行技术革新，推出了在保温的同时还具有极高透气性的"HEATTECH+"系列。

以"创造最前沿的材料"作为研究和开发方针的东丽，以及站在消费者的立场坚持追求"让所有人都能穿上舒适的休闲服装"的优衣库，通过"零基思考"打破了传统框架的束缚，设计了从素材开发到销售的商业系统，成功地创造出了全新的价值。

（3）时代需要"零基思考"

经济学理论认为，"没有规制的自由经济是最有效率的经济系统"。但政府从社会公正的角度出发给市场增加了各种税制和规制，尽管在理论上这并不是最佳解决方案，但在现实中却被认为是最佳的，也就是Second Best Solution（次优解决方案）。

日本在战后复兴阶段，为了完善公共经济基础设施，保障国民最低生活水平，消除贫富差距，必须设定各种税制和许多规制。但随着时代的变化和人民生活水平的提高，许多税制和规制的作用和必要性大幅降低。另外，随着互联网信息技术的进步和基础设施的完善，信息的流动呈现出无边境和加速的局面，今后就连人力、物力以及财力等经营资源也会突破国境的限制，加快流动的速度。

经济学中有一个术语叫作货币乘数（Money Multiplier），是指货币在世界范围内流动的速度越快，经济就越活跃，但现在出现了一个比货币乘数更加重要的概念，那就是信息乘数（Information Multiplier）。这个概念的关键在于信息流通的速度越快，会使经济更加活跃，随后还会让存在于表面之下的土地和人力等比较难以流动的经营资源也出现相对的流动（假设的自由活动）。

信息的高速流动将打破过去的"规制"和"固有规则"，并且自由经济化的浪潮将不可阻挡地席卷整个世界。因此，在信息流动速度越来越快的现在，摆脱"规制"这一现有框架的束缚，重新思考"什么对顾客有价值"，重新定义商业活动的意义，变得愈发重要起来。

比如，日本在二战后受到国家交易保护的大米的流通渠道，在自由化的浪潮中发生了巨大的变化，如今在任何一家粮油店和超市中都可以轻易地买到。这对消费者来说显然是一件好事。此外，日本政府于1996年废除了对石油交易的限制，私人开设加油站不再需要石油供应商提供供应证明。再加上消防法的修订，商社与超市等其他行业也可以开设加油站，更进一步加速了加油站行业的优胜劣汰，经营不善的加油站不断被淘汰，消费者能够以更低廉的价格享受到更优质的服务。另一方面，街头的加油站数量也迅速减少。像这样对消费者来说具有更高价值的趋势都是不可抗拒的浪潮。

这样的规制放宽出现在从消费品到金融商品的所有业种、业态和渠道之中。越是公共性高、受规制＝国家保护强的行业，其原有的"利润方程式"的崩溃速度就越快。这些企业一直以来都没有为改善做出过任何努力，就好像在温水里的青蛙，从根本上就没有解决问题的想法。如果他们无法迅速地培养出解决问题的习惯，必将在今后愈发激烈的竞争中被彻底淘汰。

日本因为迅速进入老龄化社会导致医疗行业出现资金不足的问题，为了解决这一问题，日本政府采取了医药分离、固定诊疗报酬、鼓励使用非专利药、促进增加患者自主承担部分的混合医疗等一系列的规制变更和修订。2010年日本政府的计划是将国民医疗费与看护费的总金额控制在GDP的10%以内。

仅固定诊疗报酬这一项，就意味着医生从只要对病人进行诊断并开出药方就能够自动获取利润的"利润中心"转变为只有竭力控制药剂费、缩短住院时间才能取得利润的"成本中心"。

这一举措自然会促进非专利药物的应用。此外，政府还在加快许多之前必须由医生开具处方才能购买的药物（比如药效较弱，副作用也很小的胃肠药等）OTC（非处方药）的速度，使其变为在药房就能买到的大众药，今后可能有一半左右的私营医生都将失去存在的意义。这样一来，私营医生之间的竞争也会变得更加激烈，医术高超的医生和庸医之间的差距会越来越明显。因此，私营医生今后必须与当地医院的专业医师和药剂师以及护理机构保持紧密的医疗合作关系。而且患者对医生的需求不再只是单纯的诊查与开药，今后的患者需要的是面对不同年龄层的患者和多种疾病都能够做出准确诊断和治疗，并且24小时随叫随到、形成网络化的"家庭医生"。

上述这些情况都是政府为了减轻国民的医疗负担而对保险制度采取的根本性改革所引发的连锁反应。随着医疗市场结构的变化，医药用品生产企业的开发和销售体制，包括医生和患者等行业内所有相关人员的利润分配方式都将发生激烈的变化。

越是在现有的框架内享受既得权益的大企业，就越是难以及时改变传统的强项，导致自己无法跟上时代的潮流，曾经的强项在转眼之间变成拖累自己的弱点。如何应对规制放宽和变化，对企业来说是关系到生死存亡的严峻问题，利用"零基思考"找到适合自身的解决方法就变得尤为重要。

2 "假说思考"

——根据当前的结论采取行动

"假说思考"指的是即便在时间和信息都很有限的情况下，也能够建立假设，然后以假设为基础采取行动。换句话说，就是要尽快做出结论、开始行动，并且尽快验证行动的结果，进入下一个阶段。在环境不断变化的当今时代，效率是决定命运的关键。与其花费大量的时间进行缜密的分析来提高准确度，不如在短时间内做出一个大概的结论，然后开始行动。哪怕这并不是最优解决办法也没有关系。因为在周围环境不断发生激烈变化的情况下，以及反复讨论的过程中，前提条件可能会出现180度的转变。为了避免出现这样的情况，"假说思考"必不可少。

"假说思考"有3个关键点。

- 一定要有与行动相关的结论——结论假设
- 思考导出结论背后的理由和机制——理由假设
- 与其思考"最优"不如执行"次优"——重视效率

接下来我将对以上3点逐一进行说明。

（1）一定要有与行动相关的结论

首先要做出结论……或许有人会感到奇怪吧。连具体情况都不了解应该怎样做出结论呢？这样做出的结论不是胡乱猜测吗？但最开始做出的结论确实不用太准确。总之，先做出一个差不多的结论是"假说思考"的第一步。

接下来就是针对做出的结论反复思考SO WHAT（所以呢？）。以图1-6为例，通过这幅图表我们可以看出，A事业的利润很大，发展趋于平稳，B事业的利润急速上升，C事业则处于收益恶化的状况。这是图表显示的表面现象，任何人都能够通过图表获得这样的结论。但是，在这种情况下应该对"A事业利润额很大、B事业急速成长"的表面现象思考SO WHAT。也就是思考具体行动的方向性。在反复询问SO WHAT之后，就能够得出"从C事业撤退。A事业只投入维持现状的最少资源，将全部经营资源都投入到B事业之中"的结论。然后如果有必要的话，还应该进一步验证A市场是否已经彻底没有成长空间、B市场是否真的有很高的成长潜力、C市场是否已经彻底衰退等问题。

重复SO WHAT的意义在于，在分析当前状况时，得出能够与行动相关的结论。比如针对"体重增加"这一现象思考SO WHAT。首先得出"体重增加，血压容易升高"的结论，再思考SO WHAT，得出"不减肥的话对健康不好"的结论，接着再思考SO WHAT，得出"开始运动"的结论。到了这一步再重复思考SO WHAT，就会得出"每周去3次健身房"的结论，落实到具体

图1-6 "A事业利润额很大、B事业急速成长"
通过思考SO WHAT，得出"将资源集中在B事业"的结论

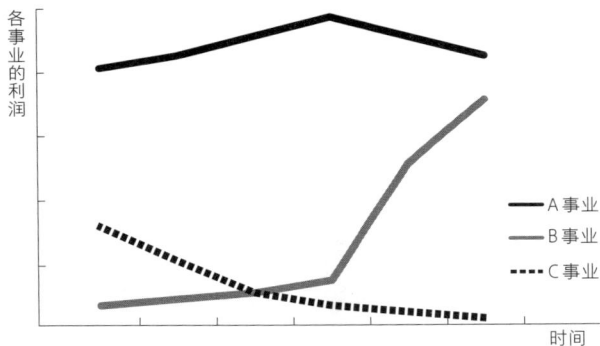

各事业的利润

━━━ A事业
━━━ B事业
‧‧‧‧‧ C事业

时间

▼

当前时间点的结论

从C事业中撤退。A事业只投入维持现状的最少资源，将全部经营资源都投入到B事业。

▼

验证事项

● A市场已经成熟，今后没有成长空间
● B市场的成长刚刚开始，未来有很大的发展潜力
　‧ B市场是5年后超过1000亿日元的成长市场
　‧ 目前能够维持在B市场中的技术优势地位
　‧ 在B市场中取得成功的关键是尽快建立起销售渠道
　‧ 必须对B事业投入资金和优秀的人才
● C市场已经衰退，应该立刻从中撤退

的行动上（图1-7）。

再举一个例子。针对"北海道地区销量大幅下降"这一问题，通过反复思考SO WHAT，最后必须得出落实到具体行动的结论，比如"将优秀的销售人员优先分配到北海道地区，同时给北海道地区提供充足的促销资金"。如果只是像翻转硬币一样对北海道地区的销售人员做出"提高北海道地区销量"的指示，而没有落实到具体的行动，那就无法取得任何成果。

就算一开始的假设并不准确，但只要坚持做出能够落实到行动上的结论，就可以不断提升假设的准确度。并且，在商务活动中也能够切实提升自我实现的概率。尤其对于管理顾问公司的新人来说，必须通过不断地反复思考SO WHAT来积累经验，提高自己。对于说不出结论的人我经常提出这样的问题，"不用思考原因和理由，你就把现在最想表达的内容说出来，你认为应该怎样做才好？"如果对方说出了一个能够落实到行动上的结论，那就立刻问他："为什么这样想？"如果以"先整理原因和理由再说出结论"的三段论方法提问而对方无法回答的话，不妨试着让对方先说结论。在商业活动的现场，一个具体的结论远胜于100条优秀的评论，请大家务必牢记这一点（图1-8）。

（2）思考导出结论背后的理由和机制

"假说思考"的第一步是"做出结论"。当养成了做出结论的习惯之后，接下来就需要"思考导出结论背后的理由和机制"。所

图1-7 当前的结论（假设），指的是与具体行动相关的战略判断。单纯分析和解释当前状况在商业活动的现场不具备任何意义

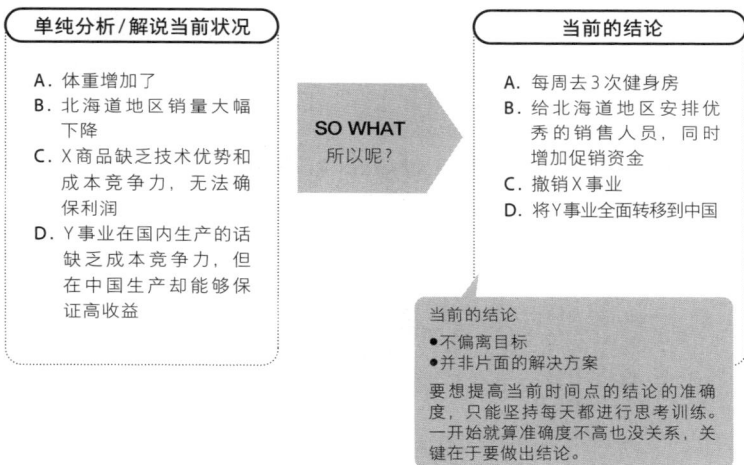

单纯分析／解说当前状况

A. 体重增加了
B. 北海道地区销量大幅下降
C. X商品缺乏技术优势和成本竞争力，无法确保利润
D. Y事业在国内生产的话缺乏成本竞争力，但在中国生产却能够保证高收益

SO WHAT
所以呢？

当前的结论

A. 每周去3次健身房
B. 给北海道地区安排优秀的销售人员，同时增加促销资金
C. 撤销X事业
D. 将Y事业全面转移到中国

当前的结论
● 不偏离目标
● 并非片面的解决方案

要想提高当前时间点的结论的准确度，只能坚持每天都进行思考训练。一开始就算准确度不高也没关系，关键在于要做出结论。

图1-8 一个具体的结论远胜于100条优秀的评论

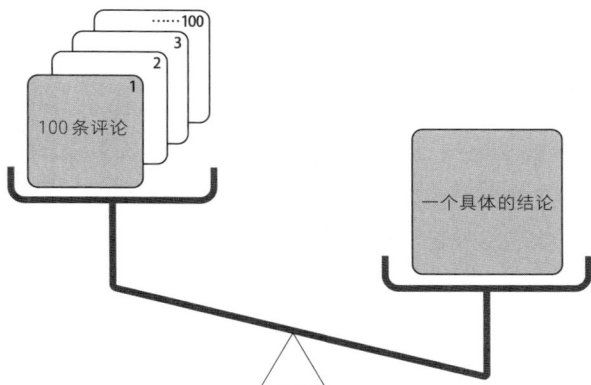

100条评论

一个具体的结论

谓背后的理由和机制，就是导致出现问题，或者你认为将来可能
会成为问题的现象的结构和构造。

养成通过反复思考 SO WHAT，导出能够落实到行动上的结
论的习惯，就能够把握背后的理由和机制。换句话说，如果不能
把握背后的理由和机制，那就无法导出结论。这两者之间的关系
就好像是鸡和蛋。当你想要导出"当前的结论"时，自然就会思
考在这个问题的背后存在着怎样的机制，应该将这个问题放在什
么框架中思考，为什么要用这个框架来思考等理由。如果你完全
了解背后的理由和机制，即便实际执行后出现了错误，也很容易
修正结论。甚至你还可以在实际执行前，在框架中对你认为的关
键性的地方进行核实。

英语圈的人或许更习惯先导出结论再把握背后的理由和机制
的流程。他们经常说"I think（我认为），because（因为……）"。
就连小孩都会说"I like her（我喜欢她，结论），because she is
beautiful（因为她很漂亮，理由）."英语圈的人从小就习惯了这
种与"假说思考"属于同一逻辑体系的语法。但日语就完全不同
了。在日本人的起承转结流程中，结论总是被放在最后。有时候
因为时间不够，在说出结论之前讨论就结束了。还有的时候还会
偏离主题，甚至自己都不知道究竟想说什么。

现在日本人也开始学习美国人的陈述方法，采用"先说结论，
再详述理由"的金字塔式表现方法。但最关键的并不是陈述技巧，
而是要在日常生活和工作中都养成这样的思考方法。

假设你的公司打算进军家用蟑螂杀虫剂市场，上司要求你"在10分钟之内推算出家用蟑螂杀虫剂的年度市场规模"，你该怎么做呢？

（方法1）寻找与蟑螂杀虫剂市场规模相关的调查资料
（方法2）自己推测市场规模

如果拥有充足的调查时间，以及该市场相对成熟，那么完全可以采用方法1，通过网络、数据库和新闻报道，以及委托调查公司调查数据来获取相关信息。但在10分钟这么短的时间之内，或者市场并不成熟没有充足数据的情况下，就只能采用方法2。尽管这样的极端情况并不常见，但在这种时候"假说思考"是非常有效的思考方法。让我们一起来试一下吧。

"推测例"

最简单的方法就是按照"每个家庭的年消费金额 × 能覆盖的家庭数 = 市场规模"这个公式进行推测。假设全国有5000万个家庭，单身家庭与几乎没有蟑螂的北部地区的家庭也包括在内。即便使用从捕获器到毒饵型、烟熏剂、喷雾式杀虫剂等所有类型的杀虫剂，每个家庭每年也不会花费2000日元以上。以毒饵型杀虫剂为例，假设每户家庭每个月要使用4个毒饵型杀虫剂（将毒饵放在蟑螂出没频繁的地方，让蟑螂吃后中毒而死），一年就是50日元 × 4个 × 12个月 = 2400日元/年，除去冬季两个月就是2000日元左右。那么家庭用杀虫剂理论上最大的市场规模如下：

最大　2000日元/家庭 × 5000万家庭 = 1000亿日元

但不可能全日本5000万家庭全都使用杀虫剂。如果使用杀虫剂的主要是多人家庭，那么就要继续推测在全部家庭中多人家庭所占的比例是多少。

一般来说我们认为平均每户家庭应该有4个人，但新闻媒体上宣布的家庭平均人数是3人。假设全日本的家庭分为4人家庭和单身家庭（1人），那么3人 =4人 × x%+1人 ×（100-x）%，最终得出多人家庭的比例约为70%。假设位于北部地区的家庭和居住在新公寓的家庭因为几乎没有蟑螂所以并不需要使用杀虫剂，使用杀虫剂的家庭数量就要再减少50%。70% × 50%=35%，也就是说，最后推测出在全部家庭中有约三分之一，即1700万个家庭使用杀虫剂。

接下来再推测这些家庭每年花费在杀虫剂上的金额。一罐喷雾型杀虫剂的价格大约为500日元。因为其消耗量并不大所以推测一年使用一罐。毒饵型杀虫剂50日元/个。以夏季为主大约需要使用6个月。假设每个月使用4个，50日元 × 4个 × 6个月 =1200日元。再加上喷雾型杀虫剂的500日元就是1700日元。四舍五入约为2000日元。

将之前推测出的家庭数1700万与现在推测出的金额2000日元/家庭相乘得出如下数字：

平均　2000日元/家庭 × 1700万家庭 =340亿日元

考虑到现在房屋的密封性越来越高，以及大城市内钢筋混凝土修建的高层公寓越来越多，今后需要用到杀虫剂的家庭将越来越少。所以当前时间点做出的能够落实到行动上的结论如下：

家庭用蟑螂杀虫剂市场是拥有340亿日元市场规模的成熟市场，继续成长的可能性很低，不应该进军这个市场。

　　像这样对数字进行计算，最终推测出的结果都是只有几百亿日元程度的市场规模。根据某调查公司实际调查的资料，蟑螂杀虫剂市场所有类型杀虫剂的销售额加起来只有大约108亿日元（2008年度零售数据），属于衰退市场。

　　或许有人觉得340亿日元与108亿日元之间相差太多，也有人会觉得从市场规模来看都是以亿为单位的。但是，这个部分的关键在于即便在信息与时间都非常有限的情况下仍然能够做出结论。只要做出当前时间点的结论，就可以帮助我们进行更加深入的思考，最终找到更好的解决办法。

　　这个"做出当前时间点的结论"，就是我所说的"假说思考"。相信现在大家都能够理解为什么说结论与其背后的理由与机制之间的关系就像是鸡和蛋了吧。

　　尽管在信息和时间都有限的情况下不必过于要求假设的准确度，但针对其背后的结构有着各种程度的全局观，并做出相应的思考，却能够影响到如何建立假说。我在面向商务人士开展的问题解决培训中也提出过这个问题，当时学员们对市场规模的假设如下。

　　每个小组都根据杀虫剂种类、价格、家庭特征、季节性以及住宅的都市化程度来计算使用家庭数量，但因为每个小组使用的推测机制（框架）各不相同，所以最终推测出的数字也不一样。但重点不在于谁推测出的数字和实际的数字最接近，而在于对框架的理解，即将哪一种实际使用状态设定为框架。如果在框架中存在自己觉得不准确的数字，可以简单地验证这个数字，然后再重新推测，这样就能够提升结论的准确度。

A小组
5000万家庭 × 50%（使用季节）× 75%（使月家庭）× 25个 × 捕获器 300 日元 /
个 =1400 亿日元

B小组
5000万家庭 × 50%（使用季节）× 2个 × 12次 × 毒饵型 50 日元 / 个 =300 亿日元

C小组
喷雾型 5000万家庭 × 90%（使用家庭）× 0.3 罐 / 年 × 200 日元 =27 亿日元
放置型 5000万家庭 × 80%（使用家庭）× 6个 / 年 × 捕获器 100 日元 / 个 =240 亿
日元

D小组
家 庭 数→5000万家庭 × 70%（使用家庭）=3500 万家庭
单　　价→捕获器 500 日元 / 个
频　　率→1 年 1 次：30%。1 年 4 次：60%。1 年 12 次：10%
市场规模→683 亿日元

　　如果假设的理由和机制非常合理，但基于假设计算出的数字却与实际数据相差很多，那说明或许假设本身就是错的。但是，如果市场处于发展上升期，那计算出的数字可能显示的是市场未来的发展潜力。这说明实际上企业并没有充分地覆盖市场，或者并没有充分地开发潜在用户。在这种情况下，可以推测出企业失去了获取更多利润的机会，也就是出现了机会损失。

　　当然也有相反的情况。比如贸然进军数字虚高的市场，但该市场却没有后续发展的空间，或者市场规模本身比预想的要小很多。在这种情况下，根据之前预测的市场发展情况所进行的各种投资不但完全没有获得回报的可能，最后还会被迫退出该事业，企业将因此承担巨大的风险。

练习例2　做出是否进军自行车市场的结论

　　"计算日本国内的自行车年度市场规模，做出是否应该进军该市场的结论"。当然这次的时间也是10分钟之内。或许会有人抱怨："自行车有很多种类，没有每个种类的具体数据应该怎么计算啊……""必须先说清楚是哪一种自行车才行吧……"如果觉得在没有具体数据的情况下没办法做出结论，那就先从假设开始做出结论吧。

"推测例"

　　假设使用自行车的人群为小学生到60岁的人。如果平均寿命为80岁，各年龄段的人口数量相同，那么骑自行车的人占比大约为50/80。日本的总人口是1.3亿人。

　　如果一人一辆自行车的话：

1.3亿人 × 5/8=8125万人

　　预计每6年换1次自行车

市场规模　8125万人 × 1次/6年 =1350万辆

　　由此推测出自行车的年度销售数量为1350万辆。

　　假设自行车的平均价格为1.5万日元，那么自行车的市场规模为：

1.5万日元 × 1350万辆 =2025亿日元

　　虽然老龄化导致儿童人口减少，但现在老年人的身体素质越来越好，再加上电动助力自行车的普及，60岁以上仍然骑自行车的人可能会有所增加。另外，越来越多的人为了身体健康和保护环境也开始少开车而选择骑自行车。综上所述，当前时间点的结论如下：

　　"自行车市场是值得进军的市场。电动助力自行车也是值得考虑的市场。"

让我们再思考一个推测例。

首先从不同年龄段的购买和更换频率角度进行思考。

- 幼儿园到小学生（3～12岁）因为身高增长较快所以预计每隔3年就需要更换一次，那么1年以内购买的概率就是1/3。
- 中学生到大学生（13～22岁）预计每5年更换一次，购买概率为1/5。
- 社会人（23～60岁）预计每10年更换一次，购买概率为1/10。
- 老年人（61～80岁）不会更换，购买概率为0。

假设不同年龄段的人口分布情况相同，平均寿命为80岁，将各年龄段的人数乘以购买概率后相加，计算公式如下：

$$[(10 \times 1/3) + (10 \times 1/5) + (38 \times 1/10) + (20 \times 0)] \times (1.3亿 \div 80) = 1480万辆$$

由此可以推测出自行车的年度销售数量为1480万辆。

因此自行车的市场规模为：

1.5万日元 × 1480万辆 =2220亿日元

从自行车市场的分类来看，除了普通的自行车之外，还有儿童自行车、电动助力自行车、公路自行车、山地自行车等，自行车市场有更进一步扩大的趋势。另外，在汽油价格高涨和环保意识提升等因素的影响下，选择骑自行车的人也越来越多，属于高附加值种类的电动助力自行车和公路自行车与山地自行车等自行车的销量都可能增加。而且这些自行车的价格也更高。

综上所述，当前时间点还可以做出以下结论：

"自行车市场是非常值得进军的市场。应该对自行车市场进一步细分，选择拥有高附加值的种类作为主要市场目标"。

　　看完上述两个推测案例之后，相信大家已经对什么是"把握背后的机制，做出当前时间点的结论"有了一定的了解。就算被要求"10分钟之内做出回答"，也不必慌乱，总之先"拿出结论"。要想做到这一点，就必须对一般家庭会使用多少杀虫剂、各种杀虫剂分别是什么定位、杀虫剂市场是否覆盖日本全国等问题进行推测，同时思考杀虫剂的市场机制。如果无法把握机制就不能做出结论。自行车的例子也一样。

　　在导出结论的过程中使用推测的数字也无所谓，如果事后发现数字是错误的，或者觉得数字不太可靠，只要对该数字进行更仔细的调查，再重新计算就好。与从头开始重新调查相比，这种方法更有效率。这样就可以根据得出的结论建立行动计划，并在行动中验证假说，同时进行分析与行动。

（3）与其思考"最优"不如执行"次优"

　　把握背后的理由和机制得出结论。但这又引出了一个新的问题，那就是应该以哪个时间点的结论为基础开始具体的行动呢？答案也很简单，只要得出了能够落实到具体行动上的结论，就以其为基础开始行动，如果通过行动能够使状况变得比现在更好，那就毫不犹豫地开始行动。正所谓先下手为强。

　　为什么这样说呢？因为在商业活动的现场并没有绝对的正确答案。如果是数学的方程式问题，那正确答案就只有一个，不可能有两个，甚至3个正确答案。但是，在环境瞬息万变、竞争对

手的招数也千变万化的商业活动现场，正确答案不止一个。如果
一味地按照标准化分析的方法模仿竞争对手的最优行动，过于关
注市场龙头企业的动向，只会使自己停滞不前。

　　当现在所处的状况遇到了问题，即便没有最优解决方案，但
也一定存在次优解决方案。而且任何人都应该能够想到这个"次
优解决方案"。一旦找到了次优解决方案，就应该立刻将其落实到
行动上（图1-9），接下来只要不断修正轨道即可。

　　追求最优解决方案不但要花费大量的时间，而且还会经常遇到
花费了大量时间也没有取得任何成果的情况。等最后醒悟过来，再
想采用次优解决方案时，一切都来不及了。如果决定执行次优解
决方案，就绝对不能有"这并非最优解决方案……"之类的犹豫。
如果有人对次优解决方案提出异议，那可以让他提供更好的解决

图1-9　随着时间的变化，环境也在发生变化……与其思考BEST不如
执行BETTER

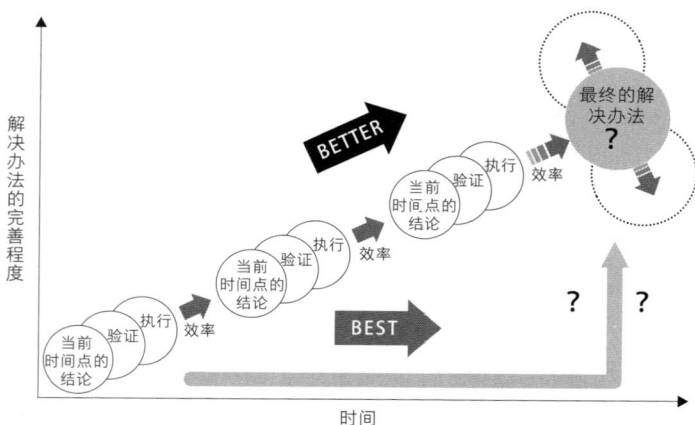

办法。

　　作为咨询顾问，你的工作是组建一个项目小组，在短时间内分析当前状况，给客户企业提供"最优解决方案"。但如果你作为企业执行部门的负责人，在实际解决现场问题的过程中会发现一件很有趣的事情。那就是，与其花费大量的时间去寻找最佳解决方案，不如先执行次优解决方案，而在行动起来之后，自然就会获得准确度高、实用性强的信息。最终不但能够缩短取得成果的时间，还能够取得超出当初预想的成果，可谓一箭双雕。通用电气的前首席执行官杰克·韦尔奇曾经提出"在行动中解决问题"，这意味着比起停止一切企业活动专注于解决问题，在企业活动的过程中解决问题更有效率，而且更容易取得好的结果。

　　美国某消费品生产企业正式进军日本市场的时候，发现完全跟不上日本企业的商品数量和开发速度。日本企业就好像根本没有明确的目标一样，不断地推出新商品。反正只要多开枪总有打中的时候。如果某款商品受到消费者的欢迎，日本企业就会迅速对其进行改良，使其更加符合消费者的需求。这就是散弹型营销。而美国企业在商品开发上则严格遵守着教科书般的流程。首先从精密的市场调查开始，然后对市场进行非常细致的划分，最后还要进行模拟调查和试销等，一切都按部就班地完成。等美国企业终于决定将自己的商品投放进市场的时候，商机早就消失得无影无踪了。不仅如此，这时候日本企业甚至已经推出了全新的系列商品。这家美国企业采取的是精确瞄准的狙击型营销方式，但就在其瞄准的时候，目标早就被竞争对手抢走了。这家企业通过在日本市场中的失败学到了日本企业的战斗方法，重新建立起一套大幅缩短调查与开发流程的销售体制。最终的结果毫无疑问是美国企业大获全胜。因为这家美国企业将自己的营销方式进化成了兼具效率与准确度的自动追踪导弹型营销方式。

"假说思考"最重要的一点，就是在坚信存在解决可能性的前提下，一旦发现次优解决方案就立刻执行。成功的创业者在取得成功几年之后才能总结出一套成熟的理念和事业的体系，但几乎所有明确的事业概念并非是在创业初期就已经存在的，而是在不断的试错和现场实践中诞生的。也就是说，即便是取得巨大成功的商务人士，也是在最后的最后才找到最优的解决方案。

不要在信息收集上花费过多时间

与其思考"最优"不如执行"次优"，但在实际执行的时候必须注意一点：那就是绝对不要在收集信息上花费过多时间。在自然科学和社会科学的领域，要想阐明某种现象并将其整理成理论，就必须要用到"假说思考"。基于假设收集数据、进行验证。但在商业活动领域用到"假说思考"的时候，所需的信息量与自然科学和社会科学相比就要少得多。正如前文提到过的那样，商业活动的现场不存在绝对的正确答案。换句话说，随着时间和环境的变化，解决办法也在不断地变化（导弹的目标会移动到意料之外的地方）。在这种情况下，只是一味地分析收集到的信息，等到得出结论的时候很可能一切都发生了变化。另外，一旦开始收集信息之后很容易深陷其中无法自拔，导致用在思考上的时间越来越少，这就是"思

图1-10 思考与信息的悖论

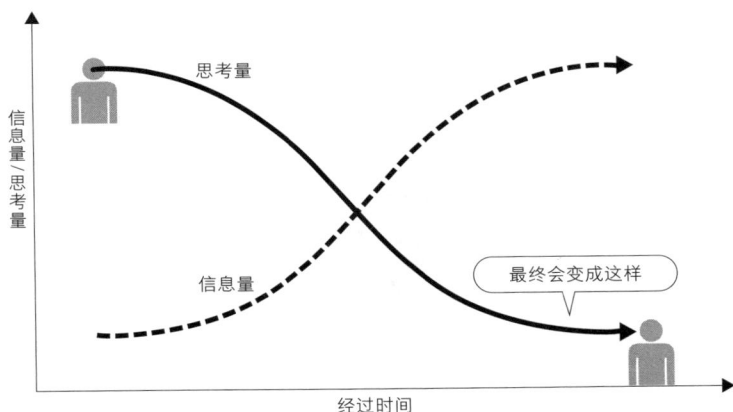

信息量、思考量

思考量

信息量

最终会变成这样

经过时间

考与信息的悖论"(图1-10)。这一点必须特别注意才行。

　　在信息爆炸的当今世界,要想收集信息的话可以收集到庞大的信息量。可是一旦开始收集信息,收集本身就会成为目的。而且花费大量的时间整理堆积如山的信息,就会没有足够的时间思考,导致无法做出任何结论,最终陷入"还需要更多分析"的死循环。在不停地思考SO WHAT的过程中,收集到的信息全都变成了没用的废纸,最终的结果就是白白浪费时间。商业活动首先需要的是决定向左还是向右的方向性。在收集到六成左右信息的时候,就应该先判断方向性。但是,绝对不能因为之前有过成功的经验,就不分析当前的状况,根据过去的经验做出判断(图1-11)。

　　像这样,如果能够基于当前时间点的结论高效率地重复验证

图1-11 40-60 规则

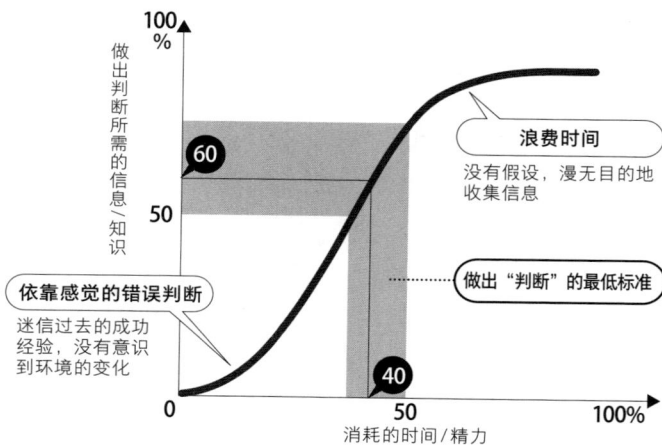

只需要六成左右的信息量，就能够判断出向左还是向右的方向性

和执行的流程，就能够灵活地应对状况的变化，最大限度地减少无用的收集信息的工作。事实上，以假设为基础进行验证和执行，可以更快速地收集到准确度更高的信息，所以更有效率。而如果在没有结论的状态下就开始说明，一旦遇到问题就只能反复思考，迟迟无法做出决定。

总之，即便在时间和信息都有限的情况下，也要经常思考SO WHAT，自问自答，做出具体的结论＝假设，这一点尤为重要。要想先用结论说服别人，那么在结论后面没有充分的理由是无法让对方接受的。如果结论过于陈旧，那么也无法付诸行动。"假说思考"的关键在于最初做出能够落实到行动上的结论，然后只要能够说明引导出该结论的理由就可以了。

技术篇

"MECE" "逻辑树"

"MECE"与"逻辑树"是在解决问题的过程中寻找问题的原因和解决办法时，在逻辑上支撑思考的深度与广度的基础技术。如果说第一章中介绍的两个思考方法是解决问题的基本态度，那么第二章中的这两个技术就是解决问题的基本技巧。

　　或许有人会对"MECE"这个词感到陌生，但每个人在思考原因的时候都会下意识地去思考"还有没有其他的原因""解决办法有没有重复的地方"。事实上，这就是"MECE"的原点。此外，在思考问题的原因和解决办法时，有的人喜欢逐条写下来，还有的人习惯先写出关键词然后标上箭头制作成流程图，甚至有人会将流程图整理成树状图。这就是"逻辑树"的第一步。

　　"MECE"与"逻辑树"是更加有系统性地推进每个人平时下意识的行为的技术。也是非常适用于在时间有限的情况下解决问题的技术，也是能够应用于所有商业活动现场的基本技术。只要掌握了这种技术，即便没有合适的框架，也能够制作出有独创性的、适合各类商业活动现场的框架。

　　啤酒市场一向被认为是成熟市场，但朝日啤酒于1987年推出的"舒波乐（SUPER DRY）"仍然在很大程度上改变了行业的结构。接下来我们就以啤酒行业为例，思考"MECE"和"逻辑树"在战略立案和实施层面上的重要性。使用"MECE"和"逻辑树"分析当时朝日舒波乐的商品战略究竟是如何诞生的。

"MECE""逻辑树"的应用
在市场/竞争对手/公司本身的分析方法上是否存在遗漏

啤酒按照生产方法大致可以分为两类。一种是经过热处理的啤酒，还有一种是没有经过加热处理的生啤酒。在舒波乐出现之前，为了保证生产后品质的稳定性，通过加热处理使酵母的活动停止的生产方法一直都是主流。但是，1996年发生了对于熟啤酒党来说十分重大的事件，那就是麒麟熟啤酒的生啤酒化，导致30多年前市场份额只有不到10%的生啤酒几乎占据了100%的市场份额。而令啤酒市场出现决定性的方向转变的，正是朝日的舒波乐。

在思考战略阶段，"没有遗漏"且深入思考：市场（顾客）、竞争对手、公司本身这三者的动向究竟有多重要？在战略执行阶段"广度"和"具体化"究竟有多重要？让我们结合舒波乐诞生与飞速发展的背景来思考上述的问题。

市场（顾客）

首先是市场（顾客）方面，1975年日本的啤酒市场需求达到饱和，之后由于酒税的增加导致啤酒价格上涨，再加上葡萄酒和烧酒的冲击，因此普遍认为啤酒市场已经完全成熟。

但是，如果对消费者层级进行更深入的挖掘，就会发现啤酒市场已经出现翻天覆地的变化。随着消费者的兴趣和行为模式的变化，啤酒已经开始出现"生啤酒"与"罐装啤酒"这样的结构变化。到了20世纪80年代中期，生啤酒的占比已经达到50%，罐装啤酒的占比也逐年增加。在消费者结构变化的过程中，传统的熟啤酒和当时的生啤酒无法充分地满足消费者需求，追求"更新鲜"的啤酒的消费者需求逐渐浮出水面。

竞争对手

另一方面，在舒波乐出现之前，啤酒行业整体属于"成熟市场"，无论做什么都不可能引发巨大的变化，也就是被牢牢地束缚在"现有框架"之中。因此，行业内部的竞争也集中在偏离了饮料、食品最本质的"味道"方面上。

从千奇百怪的名字、奇特的包装设计到能够发出小鸟声音的容器，在名为容器战争的竞争中，啤酒行业的竞争愈发趋于表面化。尽管完全脱离啤酒概念的奇特广告确实很有趣，但偏离了通过SO WHAT让消费者产生想要喝啤酒、尝试这种啤酒这种直接作用于人类意识的宣传手法。

任何一家啤酒生产企业都只在其他企业采取新行动的时候做出被动的应对，导致啤酒市场很快陷入同质化。对消费者来说就是所有商品都千篇一律，完全感觉不到竞争的效果。当时朝日啤酒也这样追随着行业整体的习惯。

公司本身

在这样的环境下，朝日啤酒的经营状况逐年下滑，到1985年其市场份额甚至跌落到9.6%，被戏称为"夕日啤酒"。朝日啤酒在找不到根本性解决办法的情况下，为了降低生产成本而选用二流的原材料来生产啤酒，强行分配给销售渠道。这就造成商品库存积压严重，店铺里摆满了临近过期又不好喝的啤酒。

总之，在舒波乐诞生之前，朝日啤酒对市场（顾客）的分析完全参照其他企业，非常表面化，没有发现消费者倾向"生啤酒"与"罐装啤酒"的结构变化。另外，在表面上被竞争对手的动向牵着鼻子走的同时，在自己公司经营资源不充足的情况下，放弃使用高品质的原材料，无法给消费者提供真正美味的啤酒，结果陷入恶性循环。

为了彻底打破这种恶性循环，朝日啤酒选择的方法是为消费者提供"最美味"的啤酒。这就是舒波乐的"新鲜循环"革命（图2-1）。新上任的樋口广太郎会长（当时）提出了"史无前例，所以要做"的口号，他通过"零基思考"重新分析了现有的啤酒市场，同时充分尊重年轻的商品开发负责人的"假说思考"，最终选择了干啤作为重新占领市场的突破口。

"醇厚、爽口、新鲜"的生啤这一全新的概念，在普遍认为已经成熟的啤酒市场之中引发了巨大的震动，从而全面覆盖了消

图2-1 舒波乐的"新鲜循环"革命

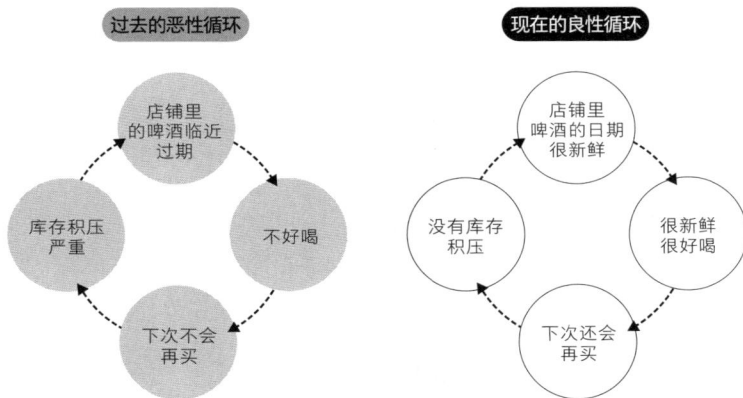

过去的恶性循环

现在的良性循环

店铺里的啤酒临近过期

店铺里啤酒的日期很新鲜

不好喝

很新鲜很好喝

库存积压严重

没有库存积压

下次不会再买

下次还会再买

费者的"遗漏"。换句话说，朝日的舒波乐从正面满足了传统的熟啤酒和生啤酒所没能满足的消费者的需求。不仅如此，朝日啤酒还彻底将日本的啤酒从"保存"饮料变成了"生鲜"饮料。

在朝日舒波乐的猛攻之下，其他啤酒公司急忙推出了完全模仿舒波乐的干啤商品。但是，尽管其他啤酒公司不遗余力地对自己的干啤进行宣传和促销，但知名度越来越高的只有从本质上把握了消费者"口味"的舒波乐。其他啤酒公司不但没有从干啤商品的宣传中获益，甚至就连麒麟啤酒的"LAGER"和札幌啤酒的"黑标"等主力商品的市场份额都出现了下滑。因为与朝日啤酒将经营资源全都集中在舒波乐上相比，其他啤酒公司为了应对舒波乐的强势来袭，反而减少了主力商品的投资力度。

对于每一位企业的经营者来说，最关注的莫过于竞争对手的动向，而最担忧和不满的当属自己公司的业绩，最容易被忽视的则是市场的发展趋势。但是，朝日啤酒通过舒波乐实现二次创业的故事却说明了这样一个事实：消费者能够支配企业战略。即便在成熟市场之中，只要对市场（顾客）有足够深入的观察，就能够开展全新的商业活动。所以要在考虑市场（顾客）的动向的基础上，思考"什么对顾客有价值"。

计划要缜密且具体，实践要彻底

接下来，我们将考察朝日啤酒为了在市场推广舒波乐都采取了哪些主要手段。朝日啤酒将"为消费者提供美味的生啤酒"作为舒波乐的基本战略。要想实现这一点，必须做到"生产好产品""宣传好产品""维持好产品"。

第一点，来看一下为了"生产好产品"，朝日啤酒在产品开发和生产上都做了什么。在商品开发上，朝日啤酒将目标聚焦在啤酒市场向生啤酒转变的过程中仍然被遗漏的消费者群体，为他们提供"新鲜爽口"的生啤酒。在舒波乐商品化的过程中，朝日啤酒对生产工厂的要求不是降低成本，而是"使用最好的原材料，生产最高品质的啤酒"。因为在之前即便生产出来也卖不出去的恶性循环中，工厂对收益过于敏感，逐渐不再将生产最好的商品作为第一目标。

第二点，再看一下为了"宣传好产品"，朝日啤酒在与经销商和消费者的沟通上都做了什么。首先，朝日啤酒在全国举办了超过100万人参加的试饮会，几乎将全部的销售利润都投入到大规模的电视广告和热气球宣传上。同时朝日啤酒为了强调舒波乐的新鲜循环，还向经销商保证今后不会再销售旧啤酒。

第三点，为了"维持好产品"，朝日啤酒贯彻执行了作为商品战略核心的"新鲜循环"战略。啤酒的新鲜度会随着日光直射、震动和时间而下降。以前，啤酒从出厂到上架需要2周到3周的时间，所以店铺里经常能够看到生产日期超过3个月的啤酒。朝日啤酒通过缩短物流周期，将啤酒从出厂到上架的时间缩短到8天之内，店铺里绝对不会出现3个月以上的啤酒。这就是"新鲜循环"的关键。

这是需要让生产、物流、批发、店铺以及所有员工全都参与进来的大工程，要想将这一战略彻底执行下去需要付出巨大的努力。以总经理为首的全体员工都开始从店铺里收购旧啤酒，当初4.8亿日元的回收预算一下子就超过了10亿日元。此外，朝日啤酒为了监测上架啤酒的新鲜度，同时将消费者的意见以及销售额的变化及时反馈给总部，还在啤酒行业率先采用了"女促销员"制度，更加细致地应对现场情况。

朝日啤酒为了实现"为消费者提供好喝的生啤酒"的目标，在独特的战略展开过程中制订了十分详细的执行计划，并且严格贯彻（图2-2）。后来，朝日啤酒在不断试错的过程中逐渐提高了自身的实力，在1996年推出的与舒波乐不同品类的全新商品——"黑生"也大受欢迎。在1985年只有9.6%市场份额的朝日啤酒在10年后市场份额翻了3倍（图2-3）。普遍认为已经成熟的啤酒行

图2-2 舒波乐的战略展开

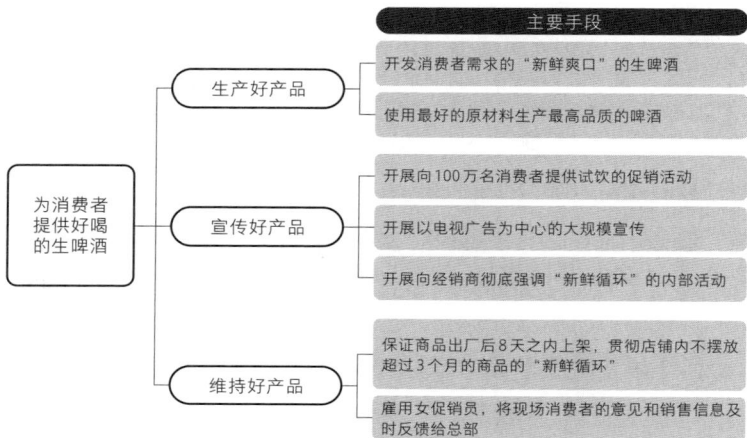

		主要手段
	生产好产品	开发消费者需求的"新鲜爽口"的生啤酒
		使用最好的原材料生产最高品质的啤酒
为消费者提供好喝的生啤酒	宣传好产品	开展向100万名消费者提供试饮的促销活动
		开展以电视广告为中心的大规模宣传
		开展向经销商彻底强调"新鲜循环"的内部活动
	维持好产品	保证商品出厂后8天之内上架,贯彻店铺内不摆放超过3个月的商品的"新鲜循环"
		雇用女促销员,将现场消费者的意见和销售信息及时反馈给总部

图2-3 朝日啤酒的市场份额

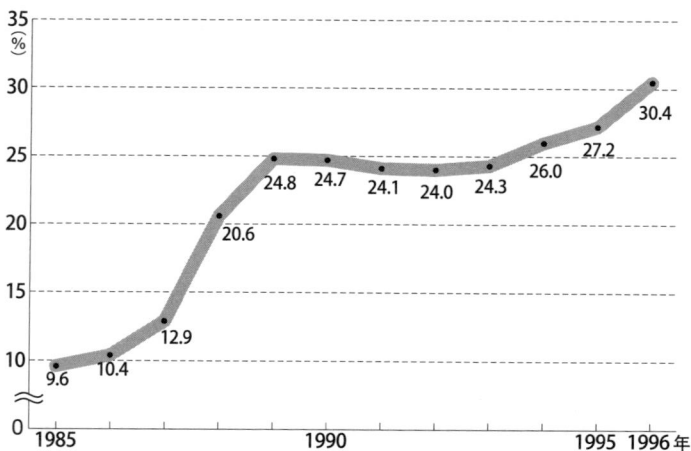

资料:朝日啤酒的公报

业，被朝日啤酒彻底改写了竞争格局，随后相继出现的发泡酒和第三类啤酒也在不断改变行业的格局。

通过朝日啤酒的事例我们可以看出，对市场（顾客）/竞争对手/公司本身进行全面且深入的分析，以及在战略执行过程中彻底执行有"具体性"的方案究竟有多么重要。

接下来，我将针对思考解决办法和战略时非常重要的思考方法——"MECE"和"逻辑树"进行更加详细的说明。

注）本章参考《史无前例。所以要做！》（樋口广太郎　著）

1 "MECE"

——检查是否存在重复和遗漏

"MECE"是Mutually Exclusive Collectively Exhaustive的简写。直译过来就是"相互不重复，整体无遗漏"。管理顾问公司麦肯锡将其称为"MECE"。"MECE"的概念虽然只是"不重复、无遗漏"的非常简单的集合概念，但在商业活动中却是非常重要的思考方法（图2-4）。

首先，让我们通过几个简单的例子来为理解"MECE"的思考方法热热身吧（图2-5）。

不重复但有遗漏

比如企业筹集资金的方法，除了股票增资和长、短期银行贷款之外，还可以发行普通公司债券、可转换公司债券、附认股权证公司债券等各种公司债券。如果企业在制定财务战略的时候没有考虑到所有的资金筹集方法，只讨论其中一部分资金筹集方法，那就可能得出错误的结论。最终可能导致资金筹集失败，或者虽然表面上看起来并没有失败，但实际上却可能有更好的资金筹集方法。出现这种情况是财务负责人和财务部长的失职。

图2-4 "MECE" = "不重复、无遗漏"

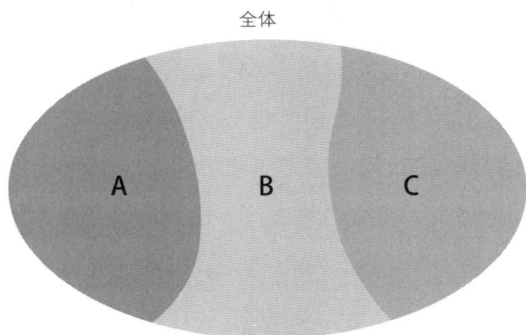

全体

A　B　C

"MECE"就是"相互不重复，整体无遗漏"的集合

※MECE=Mutually Exclusive Collectively Exhaustive

图2-5 "零基思考"

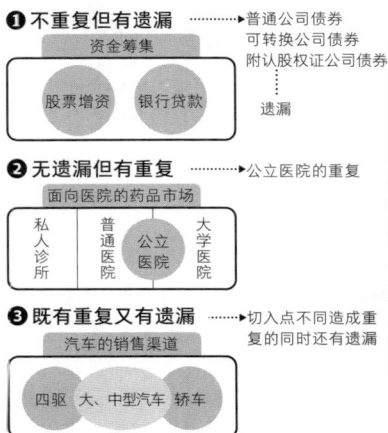

❶ **不重复但有遗漏** ·········▶普通公司债券
可转换公司债券
附认股权证公司债券

资金筹集

股票增资　银行贷款

遗漏

❷ **无遗漏但有重复** ········▶公立医院的重复

面向医院的药品市场

私人诊所　普通医院　公立医院　大学医院

❸ **既有重复又有遗漏** ·······切入点不同造成重复的同时还有遗漏

汽车的销售渠道

四驱　大、中型汽车　轿车

❹ **不重复且无遗漏**

食品、饮料的流通形态

常温　冷藏　冷冻

注）因为保温等级而有所不同。最近还出现了 0～1.5℃的保鲜配送

无遗漏但有重复

假设某医药品生产企业的销售总部长要给公司的销售人员分配销售区域。他首先分别在私人诊所、普通医院以及大学医院都安排了销售人员，然后又专门安排了一批销售人员负责公立医院。但是，因为普通医院和大学医院中也包含公立医院，这就导致在同一家医院里出现了两组销售人员。也就是说，这种分配方法出现了大量的重复，并且非常没有效率。出现这种情况是销售总部长的失职。

既有重复又有遗漏

让我们来思考一下汽车的销售渠道。假设某汽车公司拥有从轻型汽车，大、中、小型汽车到RV四驱和跑车在内的全线产品。但是销售渠道只有轿车、四驱和大、中型汽车。这就既有重复又有遗漏，首先没有轻型汽车和跑车的销售渠道，然后大、中型汽车和轿车与四驱的销售渠道又出现了重复，严重影响效率。

不重复且无遗漏

食品、饮料的流通形态因为保温等级而有所不同。将其按照常温、冷藏、冷冻来分类就能够做到不重复且无遗漏。比如某全国范围的餐饮连锁企业，要想给直营店提供所有的食材和饮料，就必须将这些不同的流通形态完美地组合到一起，在全国进行配送。因此，物流负责人必须针对每个地区设计出最有效率的流通组合。

上述这些都是非常简单的例子，在实际的商业活动之中，因为出现重复、遗漏导致严重影响效率的情况十分常见。想必在诸位读者的身边就有不少吧。

比如在开会的时候，A先生喋喋不休地陈述着偏离主题且有遗漏的论点，B先生则抓住A先生细枝末节的地方进行反驳，一个劲地说着重复的观点。因为切入点不同，虽然他们说的好像是同一件事，但意见却完全不同，而不管是发言的当事人还是周围的听众全都没有意识到这个问题。如果仔细地分析就会发现，因为遗漏和重复，会议上根本没有讨论关键的问题，一直在无关紧要的事情上争论不休，完全就是在浪费时间。

（1）将"MECE"应用于商业活动之中

"MECE"作为"不重复且无遗漏"这一单纯的集合思考方法，为什么如此重要呢？因为无论是企业的总负责人还是站在生产与销售第一线的员工，无论站在怎样的立场上，只要想达成自己的目标，都要受到人力、物力、财力等经营资源和时间的制约。而且只要作为商品和服务受众方的顾客存在，向顾客提供比竞争对手更优质更高效的商品和服务才是竞争力的源泉。也就是说，在经营资源有限的情况下，严重的重复和遗漏会对商业活动的效果和效率造成巨大的影响。

"MECE"在具体应用时需要注意以下3个关键点。

- 是否因为遗漏而偏离了目标？
- 是否因为重复而影响了效率？
- 是否利用"MECE"决定优先顺序？

是否因为遗漏而偏离了目标？

　　首先，让我们来思考遗漏的问题。正如前文中提到过的那个筹集资金的例子，在思考各类商业问题的时候，应该尽可能地避免出现遗漏，通过"零基思考"大体上把握事物。在寻找解决办法和问题原因的时候，如果遗漏了关键性的要素，那么不管进行多么缜密的分析，制订多么完善的行动计划，最后都会因为偏离了目标而变得毫无意义（图2-6）。就算因此能够重新补充已经浪费的资源，但时间却再也无法倒流了。

图2-6　遗漏的问题

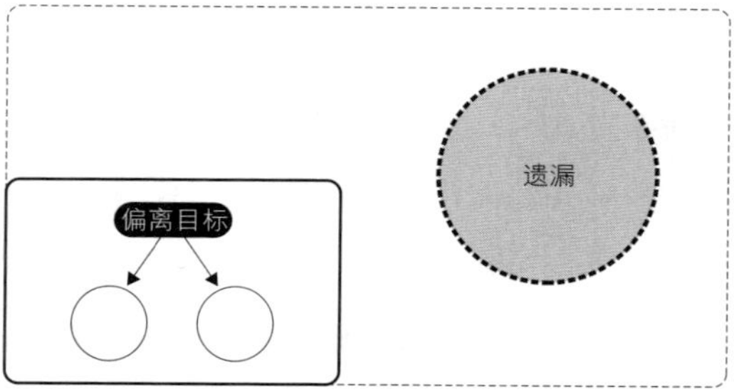

| 注意
这种情况 | - 过于拘泥于现有框架
- 过于关注细枝末节的项目，却偏离了大方向
- 找错了切入点，导致出现遗漏 |

啤酒行业就出现过"遗漏"的例子。因为朝日舒波乐的出现而匆忙应对的其他啤酒公司，不但遗漏了追求"爽口生啤酒"的消费者群体，还在容器战争的延长线上越走越远。当时仅麒麟啤酒就拥有20多个品牌，啤酒市场的新商品和新品牌的出现让人眼花缭乱。

从"MECE"的观点上来看，这其中存在着两个严重的问题。第一个是对市场的错误分析，导致从根本上遗漏了追求"爽口生啤酒"的消费者的结构变化。另一个是资源分配的问题，将有限的经营资源分散在层出不穷的新商品开发上，而减少对原本的主力商品投入的资源。也就是说，其他啤酒公司在对消费者的分类上出现了严重遗漏的同时，对主力商品的资源分配上也出现了遗漏，结果就是在与朝日啤酒的竞争中败下阵来。

是否因为重复而影响了效率？

接下来，让我们思考重复的问题。虽然前面提到的某医药品牌在销售人员的分配上出现的重复问题是十分不应该出现的。但其实只要仔细观察商业活动现场，就会发现因为重复影响效率的情况在任何一家企业都可能出现。以棒球为例，这种做法就相当于因为害怕对手从右路发起进攻，原本应该3个人防守的右路不知何时出现了5名防守队员。在棒球场上这种铜墙铁壁般的防守或许还能发挥一些作用，但在商业活动的现场却并非如此。因为重复不但会影响到资源分配的效率，还可能使受众方感到混乱（图2-7）。

图2-7   重复的问题

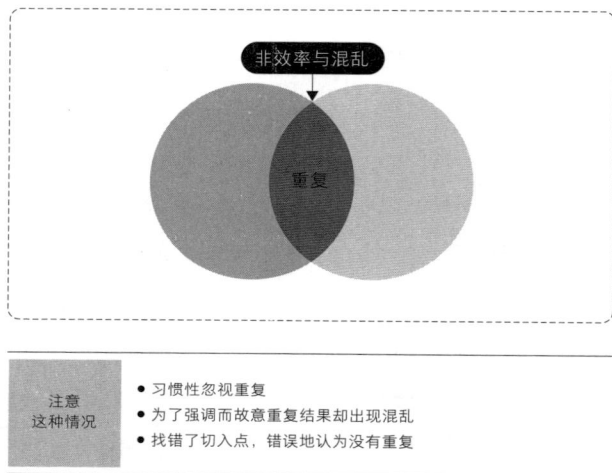

注意 这种情况	● 习惯性忽视重复 ● 为了强调而故意重复结果却出现混乱 ● 找错了切入点，错误地认为没有重复

再以啤酒行业为例。前文中提到过啤酒按照生产方法大致可以分为熟啤酒和生啤酒两种。一直以来，麒麟啤酒的主力产品分为热处理的"麒麟LAGER"和非加热处理的"一番榨"，两者有着非常明确的定位区别，但自从麒麟啤酒1996年开始将麒麟LAGER从熟啤酒变为生啤酒之后，两者的定位就出现了重复。

这就出现了非常明显的重复问题和遗漏问题。首先是重复问题，因为麒麟LAGER和一番榨都是生啤酒，相互之间会出现竞争，导致总销量下降。如果在生啤酒这一种类之中，购买一番榨和麒麟LAGER的消费者的口味习惯存在巨大差异的话也不存在问题，但是如果消费者口味差异不大，那么不但会影响到资源分配的效率，还会使消费者出现混乱。其次是遗漏问题，在麒麟

LAGER变为生啤酒之后，喜欢原来麒麟LAGER熟啤酒醇厚口感的消费者们肯定就不会继续购买了。

在啤酒市场整体向生啤酒演变的趋势中，麒麟啤酒认为仅凭一番榨无法与朝日啤酒的舒波乐相抗衡，所以才想出了将麒麟LAGER也变成生啤酒的对策。麒麟啤酒过于看重过去的强项（LAGER神话），虽然将一番榨培养成了主力商品，但无法使其成为能够取代麒麟LAGER的明星商品。麒麟啤酒采取的做法乍看上去属于对症下药，这种故意的重复如果能够顺利地让生啤酒业务得到全面的强化倒也无可厚非。但是，一旦出现问题，不仅会严重影响到资源分配的效率，还会导致麒麟啤酒的爱好者们出现混乱，可谓是双重打击。

是否利用"MECE"决定优先顺序？

最后也是最重要的一点，那就是通过"MECE"对事物有了一个大致的把握之后，一定要确定优先顺序。因为即便"MECE"做得再好，如果不分先后没有优先顺序，那也相当于什么都没做。

在战略的立案阶段，"MECE"显得尤为重要。因为战略的目的就是"针对企业的发展方向，有效地分配经营资源（人力、物力、财力），实现与竞争对手的差异化，继续保持自身的优势地位"。也就是说，在分配宝贵的经营资源时，尽可能将重复和遗漏控制在最小限度并确定优先顺序，这一点对每一位决策者来说都至关重要（图2-8）。甚至可以说战略本身就是资源分配。商场如战场，如何给各个前线分配战斗力，是战略中最重要的一环。

图2-8 优先顺序的问题

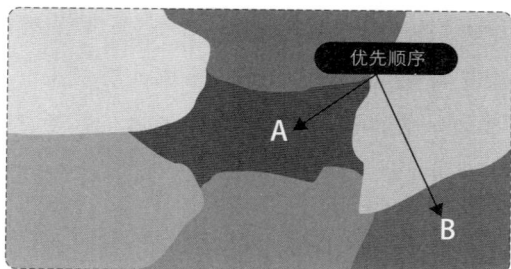

注意 这种情况	● 过度思考，把一切都看得很重要 ● 被他人的建议影响，动摇判断基准，增加选项 ● 忘记资源分配的最终目的，导致"MECE"本身成为目的

　　如果你在战略的方向性和资源分配上出现重复与遗漏，那么在经营会议上必然会遭到上司的责问。因为"MECE"存在于每一位CEO（首席执行官）的大脑之中。经常有员工抱怨说"我们总经理总是突然提出这样那样的要求"，虽然总经理的要求看似突然，但实际上这都是通过"MECE"分配资源并决定了优先顺序之后做出的结论。

　　让我们来看一个计划用"MECE"来制定战略，但因为没有从资源分配的角度决定优先顺序而导致失败的案例。马自达在泡沫经济最鼎盛的时期提出了五渠道战略，即以5个子品牌系统作为销售渠道的战略性布局，这5个子品牌分别是以马自达汽车为中心的"Mazda"和"Mazda efini"，以福特汽车为中心的

"Autorama"，以欧洲汽车为中心的"Eunos"，以及以轻型汽车为中心的"Autozam"。但是五渠道战略很快随着泡沫经济的崩溃而失败，1992年整个汽车市场出现了7.2%的下滑，马自达的市场份额减少了12.9%。

比如"SENTIA"和"ME 9"虽然属于兄弟车型，但马自达针对不同渠道提供不同的销售品牌，确保了每个渠道的专门性。针对汽车种类和渠道也完全做到了"MECE"。即便如此，马自达却仍然失败了，这究竟是为什么呢？原因只有一个。那就是即便马自达在商品、渠道和市场都做到了"MECE"，但在行业内排名第5的马自达有限的经营资源（人力、物力、财力）也完全分散了，平均分配在每一个细分化的市场中投入的资源量都比竞争对手更少，结果导致自己失去了竞争力。当时就连自认为是汽车爱好者的人对马自达的汽车都知之甚少，马自达的市场影响力可见一斑。

这种连轻型汽车算在内也只有9种车型的产品线，被强行分为5个渠道销售的多渠道化所导致的失败，极大程度地影响了马自达的品牌形象，使其陷入严重的经营危机。结果，马自达从1993年度开始连续3年出现大幅的赤字。1990年142万辆的年度生产纪录到1995年也下降到了77万辆，整整减少了一半。

陷入严重经营危机的马自达于1996年归于美国福特汽车的旗下，由福特派来的管理层对其进行重建。福特的管理层首先采取的措施就是对种类过于繁杂的车种和销售渠道进行精简。同时，重新构筑品牌形象也是最大且最紧急的问题。1996年6月就任的总经理亨利·华莱士在接受媒体采访时表示，自己的使命就是重新确立马自达的品牌形象。据说马自达公司内部也在热议"什么是马自达精神""马自达的DNA是什么"。

管理层认识到马自达的强项在于能够开发高性能转子发动机的技术实力，以及现场员工对生产跑车的热情，于是管理层将关注点都集中在马自达的潜在价值上。跑车是最能够体现驾驶乐趣的汽车，而长年生产跑车的马自达，拥有能够完全实现驾驶乐趣的引擎以及优秀的相关技术。于是管理层决定对品牌名和商品名进行彻底的革新，开发全新的汽车。

由此诞生的就是新中型汽车"ATENZA（阿特兹）"、新小型汽车"AXELA（昂克赛拉）"，以及新小轿车"DEMIO（马自达2）"。这3款车型取得了巨大的成功，随后搭载有全新转子发动机的四门四座跑车"RX-8"的登场，彻底宣告马自达品牌的重生。2003年度马自达的总销售额高达2.9161兆日元，销售利润702亿日元创10年来的新高，负债也大幅减少。

马自达在20世纪80年代后期贸然扩大规模，选择了多点开花的战略路线，这样不仅失去了原有的顾客群体，还给品牌形象带来了巨大的影响。随后，马自达又重新回到自身的原点——优秀的技术和对"驾驶"的追求，大胆精简了产品线，将上述理念贯彻到每一辆新车上，成功起死回生。

通过马自达的案例我们可以看出，尽管作为追求全面性的分解工具"MECE"非常强大，但如果不事先决定经营资源分配的优先顺序就很容易导致失败。所以在利用"MECE"做出彻底思考之后,绝对不能忘记要决定优先顺序。

(2)通过框架学习"MECE"

现在被我们称为"框架(framework)"的东西,绝大多数都是"MECE"的具体应用。框架是为了解决问题而寻找原因和思考解决办法时的骨架与结构,如果出现遗漏和重复的话就无法发挥任何作用。接下来我为大家介绍的这些框架,全都基于"MECE"的思考方法。

3C+1C

在制定战略的时候,最基本的分析方法就是"3C+1C"框架(图2-9)。这其中的C分别指的是顾客(Customer)、竞争对手(Competitor)、公司本身(Company),以及流通渠道(Channel)。之所以要加上1C,

图2-9 3C+1C的概念

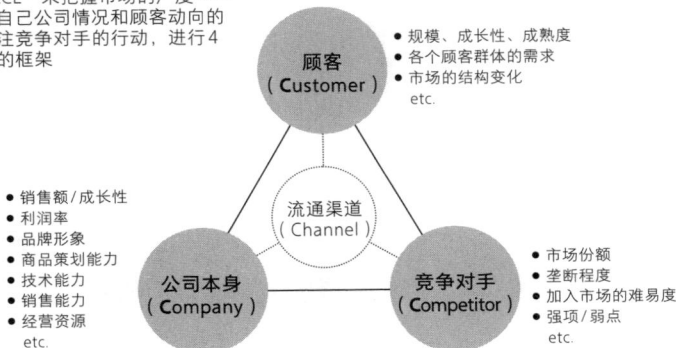

用"MECE"来把握市场的广度……
在思考自己公司情况和顾客动向的同时关注竞争对手的行动,进行4轴分析的框架

顾客(Customer)
- 规模、成长性、成熟度
- 各个顾客群体的需求
- 市场的结构变化
  etc.

流通渠道(Channel)

公司本身(Company)
- 销售额/成长性
- 利润率
- 品牌形象
- 商品策划能力
- 技术能力
- 销售能力
- 经营资源
  etc.

竞争对手(Competitor)
- 市场份额
- 垄断程度
- 加入市场的难易度
- 强项/弱点
  etc.

是因为任何一家生产企业都必须考虑流通渠道的问题，但如果是本来就属于流通渠道的销售公司则只需要考虑3C就足够了。

　　绝大多数的企业都对竞争对手的行动非常关注，对自己公司的强项却缺乏了解。人类也是如此，谁都能认识到自身的弱点，甚至能够成为评论家的程度，却往往对自己的强项视而不见。另外，企业掌握状况的能力参差不齐，这就导致有的企业对顾客缺乏足够的了解。最后，因为流通渠道直接关系到顾客，所以在环境变化剧烈的现状中，必须对流通渠道保持高度的敏感。

　　从逻辑上考虑的话，即便无法看到竞争对手的状况，只要能够坚持以顾客为中心制定战略，就不会在竞争中失败。不用将战略想得过于复杂。只要找出什么对顾客有价值，彻底发挥自己公司的强项，最后合理分配经营资源就行了。战略越简单明了越好。因为任何战略都需要人去执行，过于复杂的战略执行起来往往会遇到困难。

商业系统

　　这是利用时间轴对产品和服务从开发到上市为止的附加价值的流程进行"MECE"整理的框架，被麦肯锡公司称为商业系统或者价值传递系统（图2-10）。虽然针对不同的行业和业态，项目和排列顺序也会有所不同，但从全局的角度把握自己公司和竞争对手的强项与弱点，找出自己公司面对的课题时，这是非常重要的工具。

　　另外，这一框架还可以利用"零基思考"，以及"提供对顾客最有价值的服务"等视角重新审视自己公司的商业活动流程，认清计划与现状之间的差异。

图2-10 商业系统*的概念

利用时间轴对产生附加价值的流程进行"MECE"整理……
在将自己公司的现状与竞争对手进行对比时非常实用

	研究	开发	采购	生产	广告、宣传	流通	销售	维修、服务
自己公司的强项、弱点								
竞争对手的强项、弱点								

※ 不同的行业和业态，项目和排列顺序也会有所不同。又被称为价值链或价值传递系统。

　　只要是能够产生附加价值的商业活动，都可以用这种商业系统来定义。要想了解自己公司的商业系统，只要站在顾客的角度整理附加价值的流程就可以了。

市场营销的4P

　　在每一本市场营销的教科书中都出现的内容就是市场营销的4P（图2-11）。这是利用4P（Product、Price、Place、Promotion）将市场营销中的要素进行"MECE"整理的框架。产品、价格、销售渠道、推广，每一个都是市场营销的重要因素。尽管在20世纪60年代就已经出现这种思考方法，但仍然适用于当今的商业环境。

　　虽然"MECE"有像这样具有普遍性的方法，但也有需要根据时

图2-11 市场营销的4P

代和环境做出改变的方法。所以必须时刻思考是否存在新的切入点。

业务组合

图2-12是在思考业务定位时经常会用到的BCG（Boston Consulting Group）的业务组合。用X轴代表市场份额、Y轴代表市场增长，各个业务分属于不同的象限，这个图表常用于思考资源分配情况。比如相对市场份额较高、市场增长也较高的A业务属于明星型业务，值得投入资源。而相对市场份额较高，但市场增长较低的B业务则属于现金牛型业务，应该以效率为主。

除了业务组合之外，还有很多像这种确定X轴与Y轴，利用"MECE"对各个象限进行分析的矩阵型框架。这种框架的关键在于，X

图2-12 BCG的业务组合

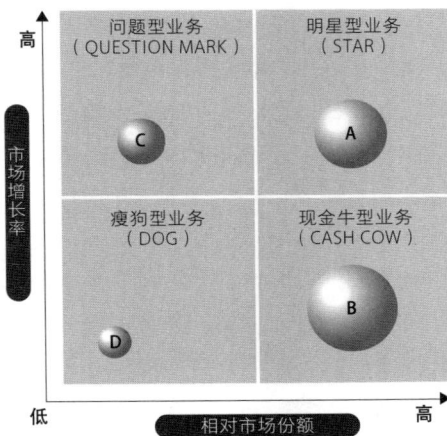

高

市场增长率

问题型业务
（QUESTION MARK）

C

明星型业务
（STAR）

A

瘦狗型业务
（DOG）

D

现金牛型业务
（CASH COW）

B

低　　　　相对市场份额　　　　高

注）球的大小代表业务的销售额规模

轴和Y轴必须选择各自独立、互不影响的轴（切入点）。以BCG的业务组合为例，如果以市场规模、销售额增长率和收益率为轴的话，意义就完全不一样了。有兴趣的读者朋友不妨根据自己公司的数据，以各业务的利润率为X轴，销售额增长率为Y轴，试着划分自己公司的业务。

看完上述内容，想必大家已经理解"MECE"是商业活动的基本逻辑，同时也是商务人士必须掌握的基本技能。关键在于，在思考流程中尽可能地用"MECE"来思考事物。不过在执行阶段，一定要先决定优先顺序。

另外我还要补充一点，或许有的人已经能够在大脑中瞬间完成"MECE"的流程，但对于刚接触到"MECE"的人来说，最好先在纸上训练。

商品在卖场的配置是否存在问题

　　首先让我们通过身边的例子，通过零售店铺的商品陈列来思考"MECE"的问题。

　　食品超市的卖场是"MECE"事例的宝库。蔬菜卖场、肉类卖场、鱼类卖场、粮食卖场、调味料卖场、饮料卖场……超市的经营者必须思考如何充分利用有限的空间，尽可能多地陈列和销售商品。但是，据说以前超市的经营者根本不考虑食品货架的陈列方式，全都交给供货商来负责。

　　不过，现在超市的情况发生了一些改变。在卷心菜上市的时节，卷心菜货架的旁边会搭配摆放做回锅肉（用猪肉与卷心菜一起炒的料理）的调味料；在肉类卖场的冷柜旁边会陈列烤肉酱；到了吃火锅的季节，蔬菜卖场会根据火锅的种类将蔬菜搭配在一起，旁边摆放着火锅底料……当然，在调味料卖场的货架上也摆放着做回锅肉的调味料、烤肉酱和火锅底料，如果有特卖商品的话，还会将其摆在特卖货架上。

　　从"MECE"的角度来看，店铺内的商品陈列出现了严重的重复。虽然这种陈列方法对消费者来说非常方便，而且对店铺来说，如果顾客对某些产品需求较大的话，这样的陈列方式能够增加销售机会。但与此同时，陈列空间的重复会导致店铺内有限的空间出现浪费，如果有其他更畅销的商品的话，这种陈列空间的浪费可能会损失销售机会。

　　类似这种关联销售具有两种意义。比如在鱼类卖场的生鱼片区域销售芥末，可以起到提醒消费者的作用，从增加销售机会的角度来说这样做具有非常重大的意义，但同时也不能否定会造成陈列空间的浪费。

　　但是在苹果销售区域搭配陈列苹果派食谱和肉桂，意义就不一样了。来购买苹果的顾客一般都是自己吃，可能只会买3个。但是，如果顾客看到苹果派食谱，就会产生出"不如做个苹果派吧"的想法，结果除了自己吃的3个之外会再买3个用来制作苹果派，同时还会购买苹果派食谱以及肉桂。也就是说，这种商品陈列方式唤起了顾客的新需求。在这种情况下的商品陈列重复就是提高消费者需求的有意义重复。

　　像这样的现象在其他商品上也很常见。这种与商品陈列相关的遗漏和重复，从浪费空间的角度来看会造成销售机会损失，以及令顾客产生混乱。但另一方面，通过有意地制造重复，可以强化卖场对顾客的便利性，增加销售机会。有的超市从来不将酒精含量为零的"无醇啤酒"摆在啤酒货架上。如果你是超市老板，会采用什么样的陈列方法呢？

对于需要在有限的空间内追求销售效率最大化的便利店来说，需要将自己的主要顾客群体需求最高的商品一个不漏地选出来，然后保证商品在陈列空间上没有任何的重复，最后通过收款机的信息获取的商品销售量来决定陈列的优先顺序。也就是说，必须严格以"MECE"的思考方法为基准来思考便利店在有限的卖场面积中销售商品的方法。

接下来，请大家尝试思考关于零售店铺的商品陈列的事例。思考究竟是不重复且无遗漏的状态最好，还是从销售意图上考虑，选择有意的重复更有必要？这其中的理由是什么？如果是你的话会选择哪一种方案？希望大家仔细地思考。图1是某CD店铺的商品配置事例。这种有重复的陈列方法对顾客来说方便吗？或者反而会造成顾客的混乱？从店铺的角度来看，这种方法能够提高销量吗？或者只是单纯浪费陈列空间？另外在音乐下载十分常见的现在，是否有包括网络销售在内的其他销售方法？首先可以从制作一个有重复的卖场配置情况"MECE"图开始。

图1

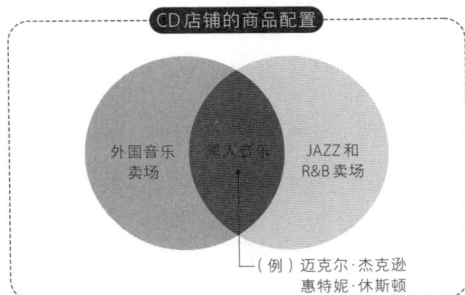

CD 店铺的商品配置

外国音乐卖场　混入音乐　JAZZ和R&B卖场

（例）迈克尔·杰克逊
惠特妮·休斯顿

- 在每个卖场中重复陈列对顾客来说更方便
- 如果不重复陈列会使顾客产生混乱
- 重复陈列是浪费空间

　　利用商业系统检查对顾客提供的价值

利用时间轴以"MECE"整理的框架产生附加价值的流程就是商业系统。对作为商品、服务提供者的企业，以及对作为商品、服务受众的顾客来说，商业系统十分重要。

图2是从患者的角度整理的东京都内某附加价值较高的牙科医生提供的服务的表格。通过表格中的内容，我们不难发现这名牙科医生提供的服务内容比普通牙科医生要好很多。任何商业活动，只要是通过提供商品或服务来创造附加价值，都可以通过这种方式整理提供给顾客的服务的流程。

首先，参考这个牙科医生的服务流程，将自己公司、自己部门或者自己提供的服务流程分解为几个项目。在这个时候需要注意的是服务项目是否符合"MECE"的标准。然后最好将现状写下来。接下来，一边对照竞争的状况，一边思考最佳的商业系统。在这个步骤中要搞清楚现状与最佳之间的偏差，并且找出今后应该解决的课题。即便是总务、管理和系统部门也一样有自己的顾客，如果拥有多个不同种类的客户的话，最好针对每种客户都制作一套商业系统。这样做不但有助于今后发现问题，也是很好的练习，能够帮助你更好地了解应该将服务流程分解为哪些项目。

根据商业系统分析差异并反映到实行计划上的过程中有一点非常重要：那就是究竟应该根据分析结果想办法弥补差异，还是应该更进一步加强自身的相对优势。对于行业领头企业来说，专心于弥补差异或许可以维持自身的竞争优势地位，但对经营资源有限的下游企业来说，一味地弥补差异是毫无胜算的。在市场和竞争中的位置不同，针对同样的差异所要采取的对策也完全不同。

图2 从顾客的角度看牙科医生的商业系统

	诊疗申请	讨论诊疗方针	治疗	卫生指导	支付	跟踪服务
普通牙科医生	• 即便已经提前预约仍然需要等待	• 没有事先的方针讨论，直接开始治疗 • 不从长远的角度考虑	• 为了治疗一颗牙齿要多次就诊	• 没有	• 只收现金	• 没有
附加价值较高的牙科医生	• 根据患者的紧急度灵活应对 • 患者可以根据自身需求提前预约，无须等待	• 从长远的角度考虑，提出患者同意（包括治疗预算）的诊疗方针	• 在保证安全卫生的前提下提供快速高效的治疗 • 在消除患者紧张感上下功夫（舒适的座椅、音乐、环境、影像）	• 由牙科卫生专家结合患者生活习惯提供预防性的指导	• 支持现金、信用卡以及分期付款	• 通知患者定期复查

利用3C+1C把握自己公司的课题

制定战略时的基本方法3C+1C（顾客、竞争对手、公司本身、流通渠道）也属于"MECE"框架的一种。制定战略首先要从3C+1C的分析开始。图3就是利用3C的框架对某中坚消费品生产企业的现状进行分析的示意图。因为这家企业通过直销渠道销售，所以+1C的流通被直接包含在自己公司之中，在进行3C分析的同时通过反复思考SO WHAT建立起假设，就会发现这家企业今后的课题是"将经营资源用于导入新技术开发新商品，是否能够实现新的成长"。

在商业活动的环境不断发生剧烈变化的情况下，经常通过3C+1C的框架来思考问题，找出能够落实到具体行动上的课题对每一家企业来说都至关重要。

大家也试着用3C+1C的框架分析自己公司的管理和业务课题，找出与今后课题相关的假设吧。

图3 **某消费品生产企业的3C**

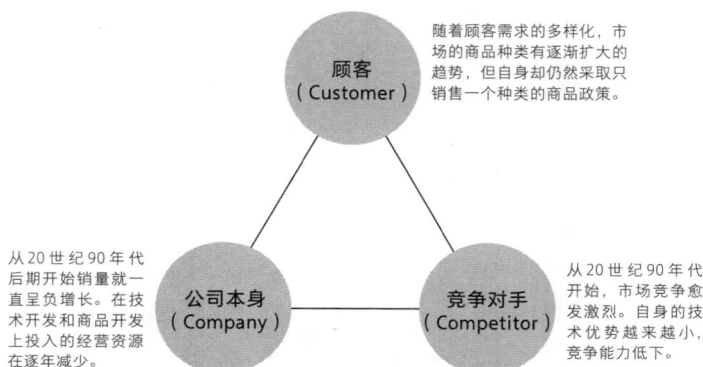

随着顾客需求的多样化，市场的商品种类有逐渐扩大的趋势，但自身却仍然采取只销售一个种类的商品政策。

顾客
（Customer）

从20世纪90年代后期开始销量就一直呈负增长。在技术开发和商品开发上投入的经营资源在逐年减少。

公司本身
（Company）

竞争对手
（Competitor）

从20世纪90年代开始，市场竞争愈发激烈。自身的技术优势越来越小，竞争能力低下。

2 "逻辑树"

——在有限的时间里追求深度与广度

"逻辑树"[①]在深入挖掘问题原因、让解决办法具体化，需要在有限的时间中追求深度与广度的时候，是非常重要的技术（图2–13）。

"逻辑树"顾名思义，就是以树状图的形式展开逻辑思考的流程。以"MECE"的思考方法为基础，用树状图对主要课题和解决方法进行逻辑分解和整理的方法。

图2–13 "逻辑树"的思考方法

"逻辑树"就是以树状图的形式展开逻辑思考的流程……
在深入思考原因和使解决办法具体化时非常有用

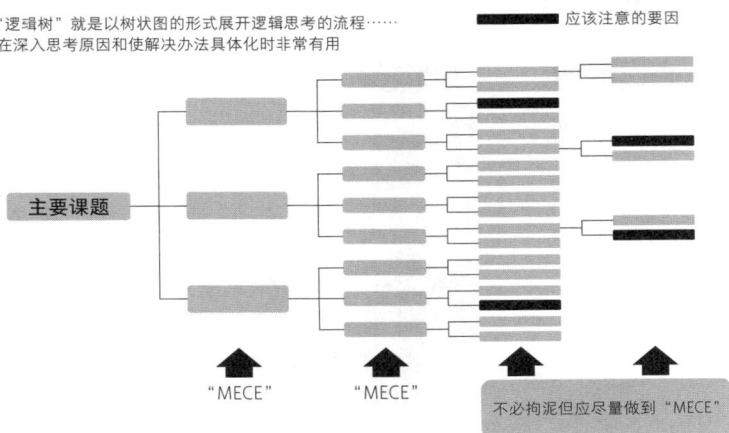

■■■■ 应该注意的要因

主要课题

"MECE"　　　"MECE"　　　不必拘泥但应尽量做到"MECE"

---

① 麦肯锡公司将其命名为"逻辑树"。

　　与毫无根据地提出想法不同，"逻辑树"中，具体的解决办法＝"树"的枝叶，都是在"逻辑"这一因果关系中生长出来的，所以，所有的问题最终都必然有解决办法。

　　罗列只是"逻辑树"的第一步，除此之外"逻辑树"还具有以下3个优点（图2-14）。

- 事先检查是否存在遗漏与重复
- 找出具体的原因和解决办法
- 明确各个内容之间的因果关系

　　特别是在处理不适用于现有框架的问题时，"逻辑树"能够发挥出巨大的作用。"逻辑树"是既简单又非常具有泛用性和实用

图2-14 罗列与"逻辑树"的区别

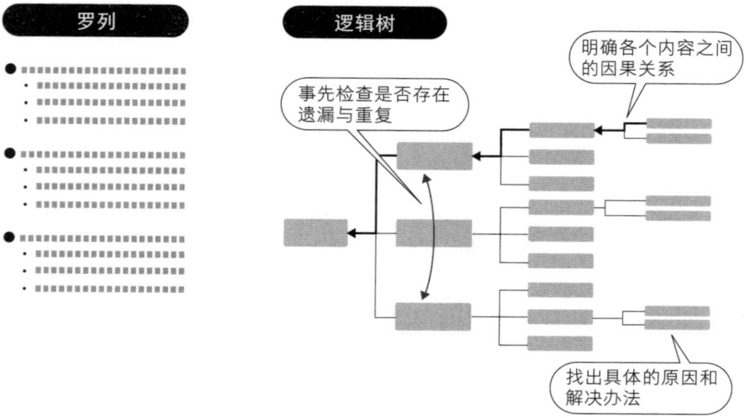

性的解决问题的技术。

　　人在面对问题并思考解决办法的时候，首先会寻找原因。但是，明明可以发现很多引发问题的原因，却没有注意深度和广度，随便开始解决问题，那么无论想出多么完美的解决办法，也会因为偏离了目标而失败。而且这样做还会白白浪费宝贵的时间和资源（人力、物力、财力）。在商业活动的现场，浪费时间往往会导致严重的后果。而"逻辑树"就是在寻找问题原因、将解决办法具体化的过程中避免偏离目标的技术。

（1）用"逻辑树"寻找原因

　　在解决问题时，如果能够从根本上找出引发问题的具体原因，就已经找到了一半的解决对策。事实上，如果没有找到具体的原因，只针对表面的现象采取对策，那完全是治标不治本。但类似这样的策划方案和事业计划书却十分常见。

　　在使用"逻辑树"寻找根本原因的时候，首先要多用"WHY？"（为什么）来重复地自问自答（图2-15）。

　　假设针对"主力商品A的市场份额下降"这一问题，必须找出原因并拿出解决办法。如果你一意孤行地认为"问题出在销售力度上"，然后提出"加大销售力度"的解决办法，结果将会如何呢？倘若问题真的是销售力度不够，那结果可能是皆大欢喜。但万一真正的问题出在商品本身上，那你提出的解决办法就完全不对症了（图2-16）。采用这种解决办法的话，过一年也没办法提

图2-15 寻找原因的"逻辑树"

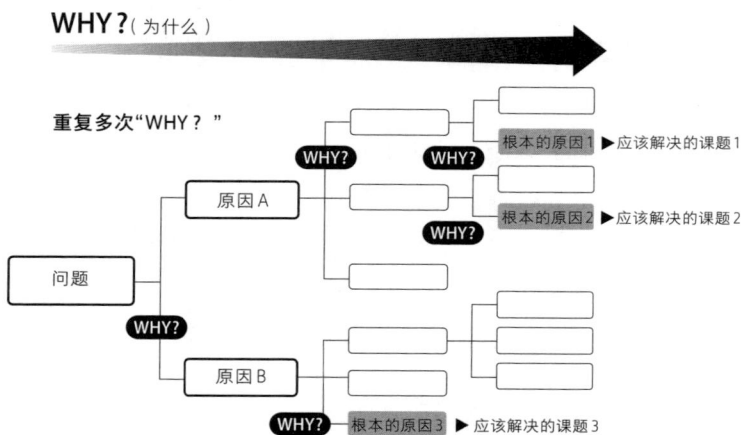

WHY?（为什么）

重复多次"WHY？"

原因A

问题

WHY?

原因B

WHY?

WHY?

WHY?

WHY?

根本的原因1 ▶应该解决的课题1

根本的原因2 ▶应该解决的课题2

根本的原因3 ▶应该解决的课题3

图2-16 缺乏广度会导致解决办法不对症

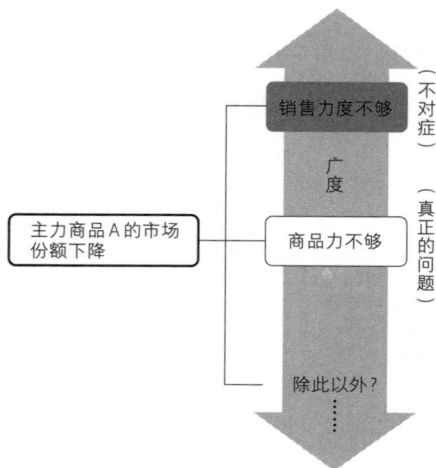

主力商品A的市场
份额下降

销售力度不够

广度

商品力不够

除此以外？

（不对症）

（真正的问题）

高市场份额。要想找出导致市场份额下降的真正原因，首先必须反复思考"WHY？"。

比如原因可能包括以下内容。

- 市场完全成熟，市场本身开始缩小
- 消费者需求发生转变，当初预想的目标市场逐渐消失
- 竞争对手的商品X的商品力比商品A更高，商品X的销量大幅上涨
- 其他企业的市场进军导致市场竞争激化
- 投入的广告、促销费用太少，与销量不成正比
- 商品A的营销成本比之前大幅下降
- 自家的新商品B与商品A形成了内部竞争

除此之外还可能有其他各种各样的原因。

另外，就算"主力商品A的市场份额下降"真的是因为销售力度不够所导致的，但如果没有深入思考原因就直接提出"加大销售力度"的口号，也会因为缺乏具体性而导致无法在现场贯彻执行（图2-17）。假设深入思考市场份额下降的原因，对全国各地的销售情况进行比较之后发现"主力商品A在首都圈的市场份额明显下降"。通过思考"WHY？"发现"销售人员不积极开发新客户"。再继续思考"WHY？"就会发现真相是"开发新客户得到的绩效与维护老客户的绩效相同，所以开发新客户吃力不讨好"。

图2-17 缺乏深度会导致解决方案无法落实到行动上

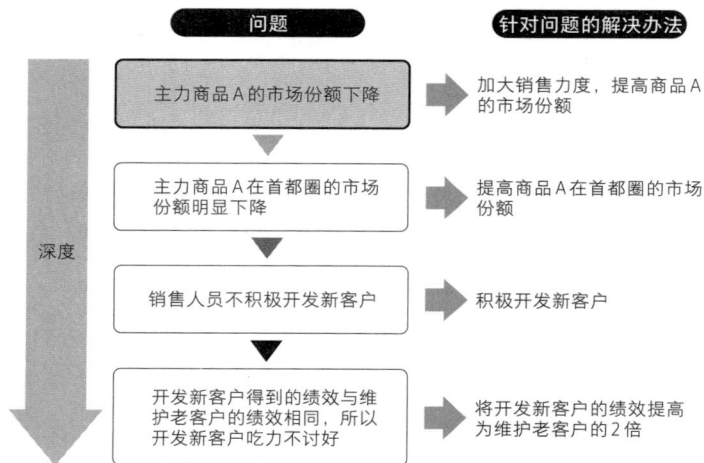

问题	针对问题的解决办法
主力商品A的市场份额下降	加大销售力度，提高商品A的市场份额
主力商品A在首都圈的市场份额明显下降	提高商品A在首都圈的市场份额
销售人员不积极开发新客户	积极开发新客户
开发新客户得到的绩效与维护老客户的绩效相同，所以开发新客户吃力不讨好	将开发新客户的绩效提高为维护老客户的2倍

（图左侧标注：深度）

　　如果能够深入思考到这个程度，自然就会发现解决问题的办法。到了这一步，针对这个事实的解决办法"将开发新客户的绩效提高为维护老客户的2倍"或许可以直接作为整个问题的解决办法。

　　但是，如果思考得不够深入，那么位于问题背后的解决办法就只不过是单纯的口号而已，根本称不上是解决办法。找到问题的真相后，接下来就是通过能够将解决办法具体化的"逻辑树"分析各种解决办法，选出最佳的方案。以上述情况为例，除了"将开发新客户的绩效提高为维护老客户的2倍"这个解决办法之外，还有"将开发新客户的销售团队与维护老客户的销售团队分开"与"设定开发新客户的具体达成目标"等其他解决办法。

如果在思考原因的时候缺乏广度（出现重复和遗漏）和深度，在没有从逻辑上把握隐藏在背后的结构的情况下就贸然采取行动，很容易出现治标不治本的结果。

> **案例3** 寻找销售人员生产率低下的原因

某医药品生产企业出现了"主力商品A的销售人员人均销售生产率下降"的问题。让我们用寻找原因的"逻辑树"来分析一下（图2-18）。销售人员的人均销售生产率，指的是用总销售额除以销售人员的总人数。如果销售人员的总人数没有变化，那么人均销售生产率下降就意味着主力商品A的销售额出现了下滑。所以首先要思考销售额下滑的WHY，并将其分解为3个相关要素。

> **图2-18** 寻找原因的"逻辑树"

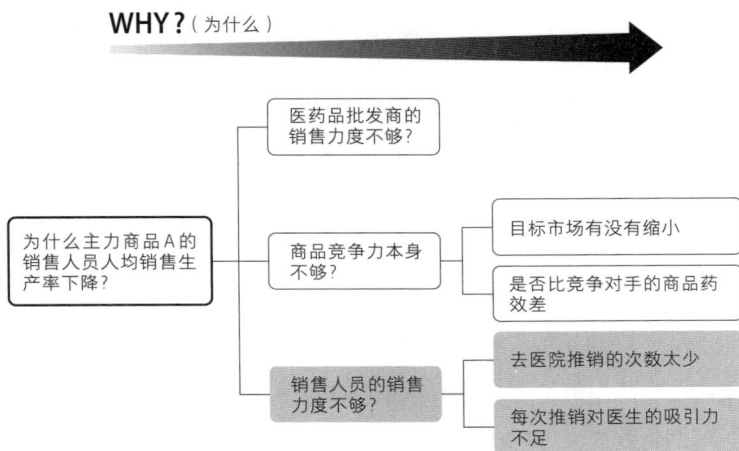

　　医药品的销售渠道大致可以分为两种，一种是负责私人诊所的医药品批发商渠道，另一种是负责普通医院和大学附属医院的生产企业销售渠道。生产企业的销售人员被称为MR（Medical Representative），主要负责普通医院与大学附属医院。医药品批发商则主要负责私人诊所，这也是最常见的渠道分配方式。在销售要素之外，商品力也是影响销售额的重要因素。

　　因此，所能考虑到的原因就分为3种，分别是"负责私人医院的医药品批发商的销售力度不够""负责普通医院与大学附属医院的生产企业的销售人员的销售力度不够"，以及"主力商品A的商品竞争力本身不够"。

　　更进一步思考，商品竞争力的要因又可以分解为目标市场的成长性与和竞争对手商品的商品力（药效）差异，所以在思考"竞争力本身不够"的原因时需要搞清楚"目标市场有没有缩小""是否比竞争对手的商品药效差"。

　　另外，生产企业销售人员（MR）的销售力也可以分解为去医院推销的次数与每次对拥有购买决定权的医生和药局的推销力度，也就是说针对"销售人员的销售力度不够"这个问题，需要搞清楚"是否去医院推销的次数太少"，以及"是否每次对医生的销售力度不足"。因为医药品行业拥有充足的数据资源，所以要想进行上述分析还是比较容易的。

　　这家医药品生产企业在利用寻找原因的"逻辑树"对原因进行分析之前，很多人都认为"主力商品A已经落伍，无法在与竞争对手的商品B、C、D的竞争中取得胜利"。但是，在仔细分析原因后却发现，目标市场已经有了成长。利用"逻辑树"进一步分解商品的药效，并且由专业的研究人员对比各要素后发现，主力商品A与竞争对手的商品之间并没有太大差别。也就是说，商品A依然拥有竞争力。

　　最后发现虽然医药品批发商的销售力度也存在一些问题，但最大的原因还是生产企业自身的销售人员的推销次数和推销力度不够，结果导致虽然商品很有竞争力，却损失了大量的销售机会。在解决"销售人员的销售力度不足"这一问题时，需要用到将解决办法具体化的"逻辑树"。

　　综上所述，寻找原因的"逻辑树"能够通过"WHY？"的因果逻辑用树状结构使浮于表面的问题兼具深度与广度。

（2）运用"逻辑树"使解决办法具体化

　　解决办法包括以下2个要素。

- 不能偏离目标
- 需要拥有能够立刻落实到行动上的具体性

　　但是，我们经常能够看到缺乏具体性，只有提议而让人不知道应该如何执行，完全称不上解决办法的解决办法。比如总公司在××年度业务计划书中提出"夺回X商品在首都圈的市场份额"，但西东京事务所的销售人员却将其理解为"为了夺回X商品在首都圈的市场份额，西东京事务所要团结一致"，那恐怕是很难提高市场份额了。

在通过"逻辑树"将解决办法具体化的过程中，必须反复思考"SO HOW？"（所以怎么办）来增加思考的深度（图2-19）。只要以逻辑为基础将有深度的具体解决办法联系起来，那么这个办法就一定能够解决问题。在思考"SO HOW？"的过程中，可能会发现前所未有的具有划时代意义的办法，以逻辑为基础对这个办法进行说明的话效果更佳。这和单纯地只看表面的解决办法不同。只用"WHY？"进行表面性的解决，可能会漏掉这种能够解决问题的办法。

虽然因为时间有限，不可能涵盖所有的深度和广度，但只要

图2-19 **使解决办法具体化的"逻辑树"**

通过"逻辑树"在尽可能兼顾深度和广度的情况下，寻找具体的解决办法，就一定能够准确且高效地找出落实到具体行动上的解决办法。

案例4　**将针对销售人员生产率低下的解决办法具体化**

前文中提到的医药品生产企业"主力商品A的销售人员人均销售生产率下降"的问题，在利用寻找原因的"逻辑树"进行分析后发现，应该解决的课题（根本的原因）是"如何改善销售人员（MR）的销售力度不够的问题"。接下来，让我们再通过"逻辑树"思考一下具体的解决办法（图2-20）。

首先是针对提高销售人员销售力度的问题，通过思考"SO

图2-20　使解决办法具体化的"逻辑树"

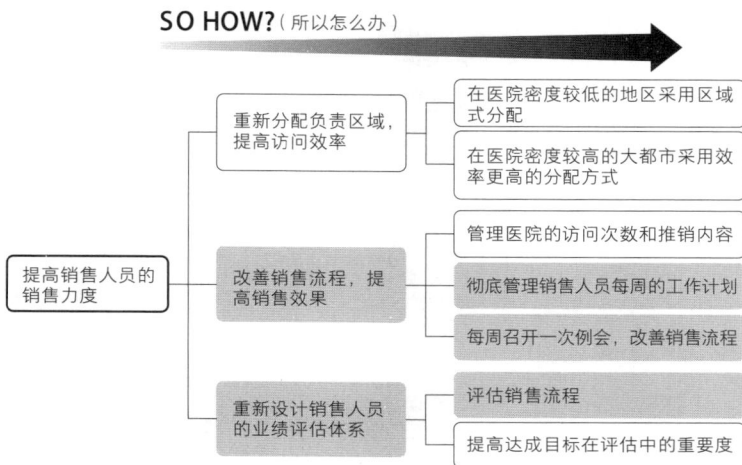

HOW？"提出3个解决办法，分别是"重新分配负责区域""改善销售流程"，以及"采用合理的业绩评估方法"。

首先是"分配负责区域"。针对"医院密度较高的大都市"与"医院密度较低的小城市"的区域，必须根据实际情况更改分配方法。事实上，生产企业的销售人员在一定程度上也涵盖了私人诊所，这也会导致销售渠道出现重复。

其次是"销售流程"。采取"管理医院的访问次数和推销内容""彻底管理每周的工作计划"，以及"通过例会改善销售流程"等措施。

最后是"销售人员的评估"。采取"评估销售流程"和"评估达成目标"的措施，同时还根据销售人员的工作经验对评估内容进行相应的调整。比如针对新人销售人员以熟悉销售流程作为主要评估对象，而针对拥有10年工作经验的销售人员则以完成目标作为主要评估对象。

像这样将解决办法具体化之后，最后选出对于解决问题最有效的几个办法，"彻底管理销售人员的每周工作计划""每周通过例会改善销售流程""提高对新人销售人员的评价"。以此为基础再反复思考"SO HOW？"就可以通过"逻辑树"使解决办法具体到每一名销售人员都能够执行的程度。

看完上述的案例，或许有人会认为想得太容易了，对实际工作中是否能够这么简单地建立"逻辑树"持怀疑态度。确实，要想在实际工作中建立起"逻辑树"并不容易。但是，只要能够召集几名优秀的销售人员展开头脑风暴，一定能够想出不少好主意。

接下来可以通过反复的试错展开一个树状图。最后只需要以逻辑为基础将具体的解决办法和主要课题连接起来并检查即可。

　　与建立"逻辑树"相比，更重要的其实是决定每个解决办法的优先顺序，以及将解决办法落实到行动上。正如前文"零基思考"中提到过的那样，要想做到上述两点必须站在顾客的立场上思考。为了帮助这家医药品生产企业改革销售体制，我召集几名优秀的销售人员组建了一个项目组，花费一个月的时间构思基本概念。但耐人寻味的是，这些销售人员在思考解决办法的过程中，逐渐忘记了自己身为销售人员的立场，想出来的解决办法越来越复杂。

　　比如针对销售人员的评估项目，他们根据销售经验详细地列出了十几条项目。于是我只能提醒他们，"当现在这个项目结束之后你们回到销售现场，在每天的销售工作中都能做到这十几条吗？"如果评估基准不能落实到销售现场的行动上那就毫无意义。他们在思考解决办法的时候，只将医院看作顾客，却忘记了实际执行解决办法的销售人员自己才是真正的"顾客"，于是最后只保留了完成销售额目标和流程这两个项目作为评估基准。只有坚持"零基思考"，才能真正发现什么是对顾客有价值的东西。

　　接下来，让我们思考一下具体应该如何制作"逻辑树"。

（3）制作"逻辑树"
制作原创框架

　　假设你要为了"减肥"思考具体的解决办法（如慢跑等具体

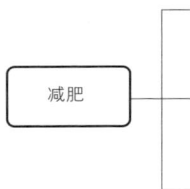

图2-21　思考"减肥"的"逻辑树"

利用逻辑树来思考"减肥"的具体解决办法（如慢跑等具体的方案）

减肥

的办法），那么应该如何制作"逻辑树"呢（图2-21）？

　　在这种情况下，需要通过重复思考"SO HOW？"对每个层级尽可能地进行"MECE"的分解，将解决办法具体化。然后检查每个具体的解决办法之间是否具有逻辑关系。

　　图2-22是参加我举办的问题解决研习会的某学生的解决方案。他将第一层级分为"减少卡路里的摄取量"和"增加卡路里的消耗量"。从导致肥胖的原因逆向思考解决办法的话，这种分解方法看起来很符合"MECE"的标准。在第二层级上，他又按照"MECE"的方法将"减少卡路里摄取量"分解为"减少从食物中摄取卡路里的量"和"减少从饮料中摄取卡路里的量"。"增加卡路里消耗量"被他分解为"通过运动增加卡路里消耗量"。除此之外，暂时没想到，但是只有这一点看起来并不像"MECE"的一项，他将这一部分标记为"？？？"。接着他又在第三层级和第四

图2-22 "减肥"的"逻辑树" ❶

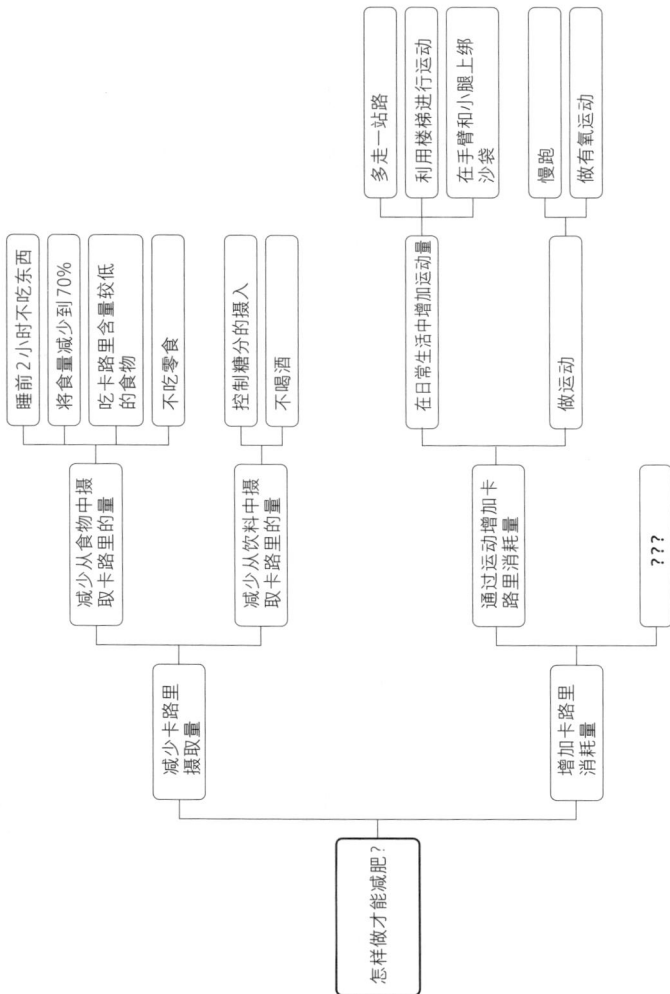

层级将解决办法分解得更加具体，通过采取"慢跑"和"不吃零食"等具体的办法，确实可以达到"减肥"的目的。

他以这个解决办法为基础，与其他学生一起进行了头脑风暴，结果大家又想出了许多新的解决办法。比如"做吸脂手术"或者"肌肉锻炼"。从理论上来说，这些解决办法确实具有一定的效果。

首先是"做吸脂手术"，这种办法不属于上述逻辑树中的任何一项，只是直接从身体里去除多余的脂肪和陈旧物质的作业。因此，应该在"减少卡路里的摄取量"和"增加卡路里的消耗量"相同的层级上增加一个新项目"去除体内的多余积蓄物"。然后将这一项通过"MECE"分解为"去除脂肪"和"去除脂肪之外的老废物质"，"去除脂肪"的具体方法之一是"做吸脂手术"。

然后是"肌肉锻炼"，因为肌肉锻炼确实会消耗卡路里，所以看似应该被包含在"增加运动量"的项目内，但是学生们经过仔细讨论和分析，认为肌肉锻炼的目的是通过增加肌肉来提高身体平时的新陈代谢率。因此应该在"增加卡路里消耗量"的下一个层级，用"提高基础代谢"来替换掉"？？？"，然后将"肌肉锻炼"作为该项目的解决办法之一。

在对各个层级的抽象度和具体度进行思考，根据"MECE"重新制作"逻辑树"（图2-23）后，又出现了几个新的"？？？"项目。

到了这个程度，距离完成"减肥"的框架仅有一步之遥了。有学生提出，既然"增加卡路里消耗量"的下一个层级分为"通过运动增加卡路里消耗量"和"提高基础代谢"，那么"减少卡路

图2-23 "减肥" 的 "逻辑树" ❷

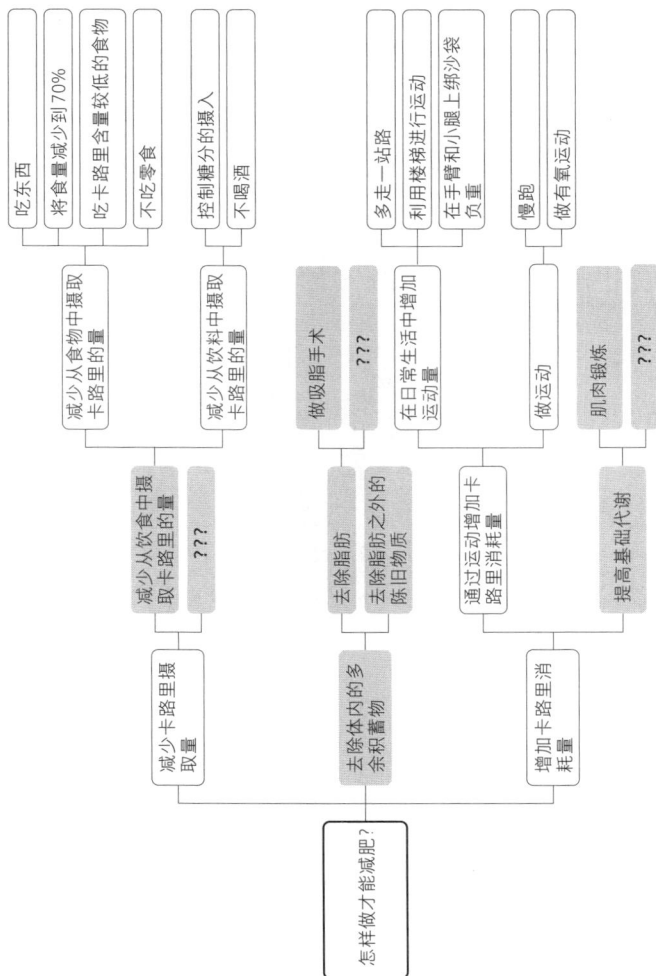

怎样做才能减肥？

减少卡路里摄取量
├─ 减少从饮食中摄取卡路里的量
│　├─ 减少从食物中摄取卡路里的量
│　│　├─ 吃东西
│　│　├─ 将食量减少到70%
│　│　├─ 吃卡路里含量较低的食物
│　│　└─ 不吃零食
│　├─ 减少从饮料中摄取卡路里的量
│　│　├─ 控制糖分的摄入
│　│　└─ 不喝酒
│　└─ ???

去除体内的多余积蓄物
├─ 去除脂肪
│　└─ 做吸脂手术
│　└─ ???
└─ 去除脂肪之外的陈旧物质

增加卡路里消耗量
├─ 通过运动增加卡路里消耗量
│　└─ 在日常生活中增加运动量
│　│　├─ 多走一站路
│　│　├─ 利用楼梯进行运动
│　│　└─ 在手臂和小腿上绑上绑沙袋负重
│　└─ 做运动
│　　　├─ 慢跑
│　　　└─ 做有氧运动
└─ 提高基础代谢
　　└─ 肌肉锻炼
　　└─ ???

怎样做才能减肥?

- **减少卡路里摄取量**
  - 减少从饮食中摄取卡路里的量
    - 减少从食物中摄取卡路里的量
      - 睡前2小时不吃东西
      - 将食量减少到70%
      - 吃卡路里含量较低的食物
      - 用芳香疗法降低食欲
      - 不吃零食
      - 其他
    - 减少从饮料中摄取卡路里的量
      - 控制糖分的摄入
      - 喝减肥茶
      - 不喝酒
      - 其他
  - 降低身体的卡路里吸收率
    - 尝试艾灸和针灸减肥
    - 服用中药
    - 餐后服用泻药
    - 其他
- **去除体内的多余积蓄物**
  - 去除脂肪
    - 做吸脂手术
    - 去美容沙龙
    - 其他
  - 去除脂肪之外的老废物质
    - 在日常生活中增加运动量
      - 多走一站路
      - 利用楼梯进行运动
      - 早、中、晚都散步
      - 在手臂和小腿上绑沙袋负重
      - 其他
    - 做运动
      - 慢跑
      - 游泳
      - 做有氧运动
      - 其他
  - 其他
- **增加卡路里消耗量**
  - 通过运动增加卡路里消耗量
    - 肌肉锻炼
      - 去健身中心
      - 做健身操
      - 其他
      - 服用中药
      - 其他
  - 提高身体新陈代谢率
    - 改善体质
    - 裹保鲜膜
    - 蒸桑拿
    - 其他

图2-24 "减肥" 的 "逻辑树" ❸

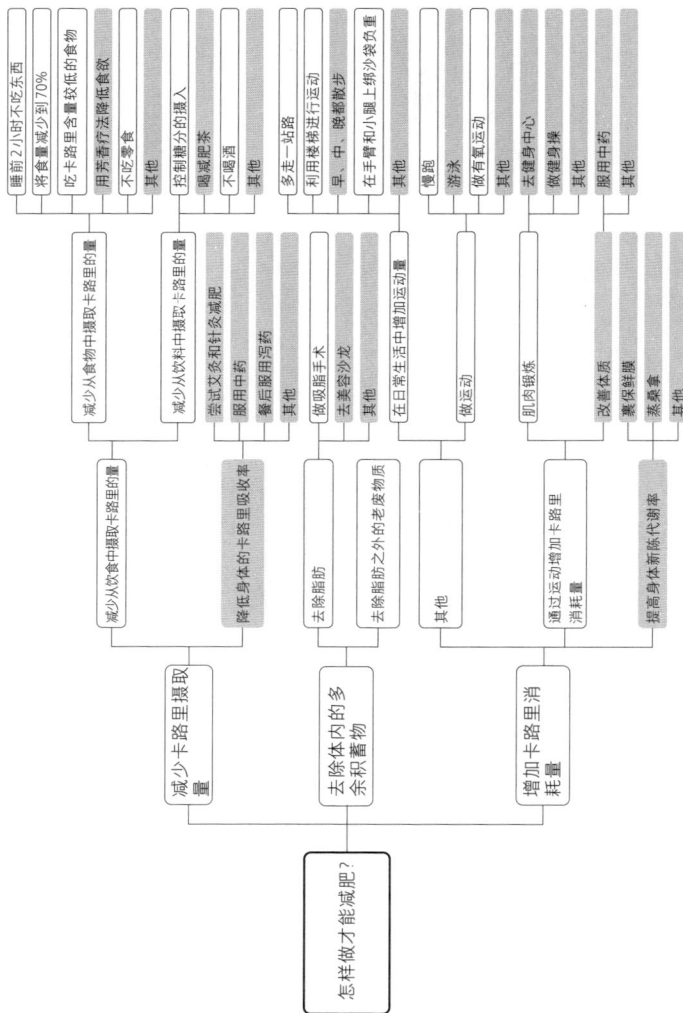

里摄取量"是否也同样可以分解为"减少从饮食中摄取的卡路里量"和"降低身体的卡路里吸收率"。我用"SO HOW？"提出疑问，其他学生说曾经看到过"利用中药调理身体降低卡路里吸收率"的相关报道。于是大家根据"MECE"和重复思考 SO HOW，制作出了一个有新的层级和解决方案的"逻辑树"，如图 2-24 所示。

　　经过上述的整理之后，解决"减肥"课题的基本原创框架如图 2-25 所示，这个框架图表明了解决问题的机制。这样的"框架"结构在发现问题和解决问题的过程中能够发挥出巨大的作用，与单纯的信息罗列有着本质上的区别。至于解决办法的具体性，指的是如图 2-26 所示的能够落实到具体行动上的层级，并且必须是执行后就能够取得预期效果的具体行动。

　　具体解决办法的切入点可以分为自力/他力，立刻/短期/中长

图2-25 基本框架

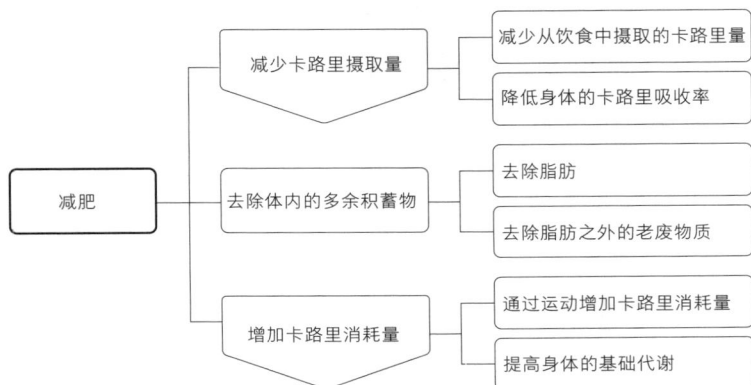

图2-26 解决办法的具体性

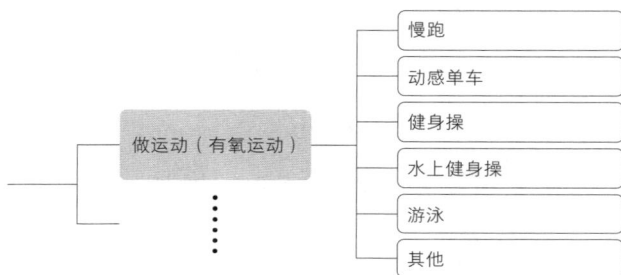

做运动（有氧运动）
- 慢跑
- 动感单车
- 健身操
- 水上健身操
- 游泳
- 其他

图2-27 关于资源分配的选择要素

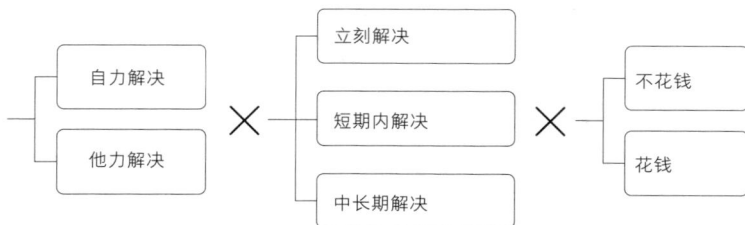

自力解决 / 他力解决
×
立刻解决 / 短期内解决 / 中长期解决
×
不花钱 / 花钱

期的时间轴，以及花钱/不花钱的资金轴（图2-27）。假设你根据自己的兴趣、资金和时间的自由度选择"为了增加卡路里的消耗量而增加运动量"ד自力"ד短时间内解决"ד花钱"的方法。那么具体的解决办法就是"做运动"="去健身俱乐部做有氧运动"，比如慢跑、动感单车、健身操、水上健身操、游泳等运动。

　　关于思考实际资源分配的解决办法与评估，我将在第三章流程篇的"解决系统"中为大家详细说明。

"逻辑树"的制作方法与技巧

　　"逻辑树"的基本制作方法包括以下3点。

- 各层级是否做到了"MECE"
- 具体的原因和解决办法是否在逻辑树的右侧
- 具体的原因和解决办法与主要课题之间是否为有逻辑的因果关系

　　牢记上述内容并不断试错非常重要。如果你能够熟练使用电脑软件，那么在制作"逻辑树"的时候能够轻松不少。利用电脑软件可以轻松追加和修改逻辑树中的项目，省去了重新制作的麻烦。

　　以"减肥"的解决办法"逻辑树"为例，制作流程如下：

（1）首先在纸上画出树状图（在电脑上也可以）

（2）按照从左到右，逐渐从概念性的内容发展为具体内容

（3）尽量保证每一个层级都做到"MECE"，如果感觉有遗漏的
　　话就先用"？？？"代替，留待接下来思考（图2–28）

（4）如果没有现成的框架，就制作一个框架

（5）检查各个项目之间的因果逻辑（图2–29）

（6）多找几个人帮忙检查

　　这个流程与中学化学教科书中介绍过的 H（氢）和 O（氧）
等元素的发现流程十分相似。有一位名叫门捷列夫的化学家，根
据一些元素制作了元素周期表（＝姑且将其看作一种"逻辑树"），
并且预言在空白栏（＝姑且看作"？？？"）里存在尚未发现的新

图2–28

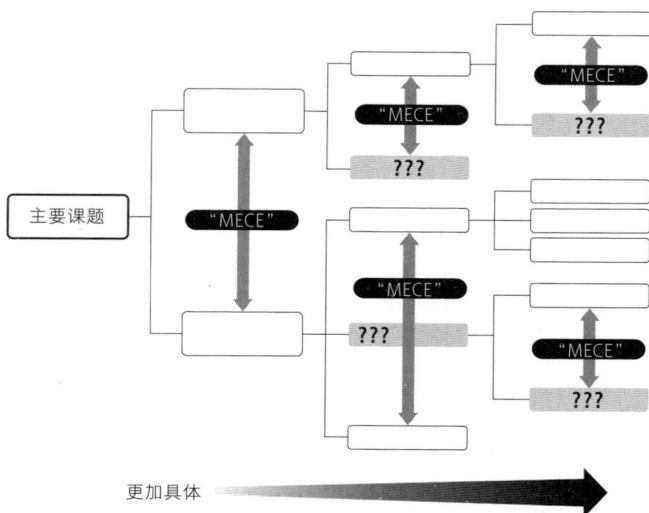

更加具体

图2-29

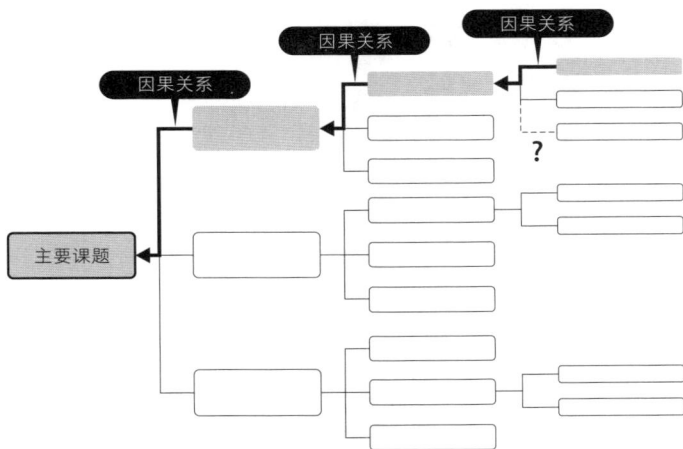

元素。随着新元素被陆续发现，原有的元素周期表被新的周期表（＝修正后的"逻辑树"）替换，新出现的空白栏又被新发现的元素所填满，经过这样不断发展，终于完成了我们现在所使用的元素周期表。

此外，这个"减肥"的"逻辑树"与企业的"减肥/增肥"有很多相似的地方。接下来让我们一起来思考一下使企业"健康增肥"的"逻辑树"吧。

案例5　企业增肥的情况1"增加销售利润"

如果我们将以利润表为基础的"增加销售利润"定义为企业增肥，那么如何用"逻辑树"将其分解呢（图2-30）？要想"增

图2-30 企业增肥案例 ❶ "增加销售利润"（以利润表为基础）

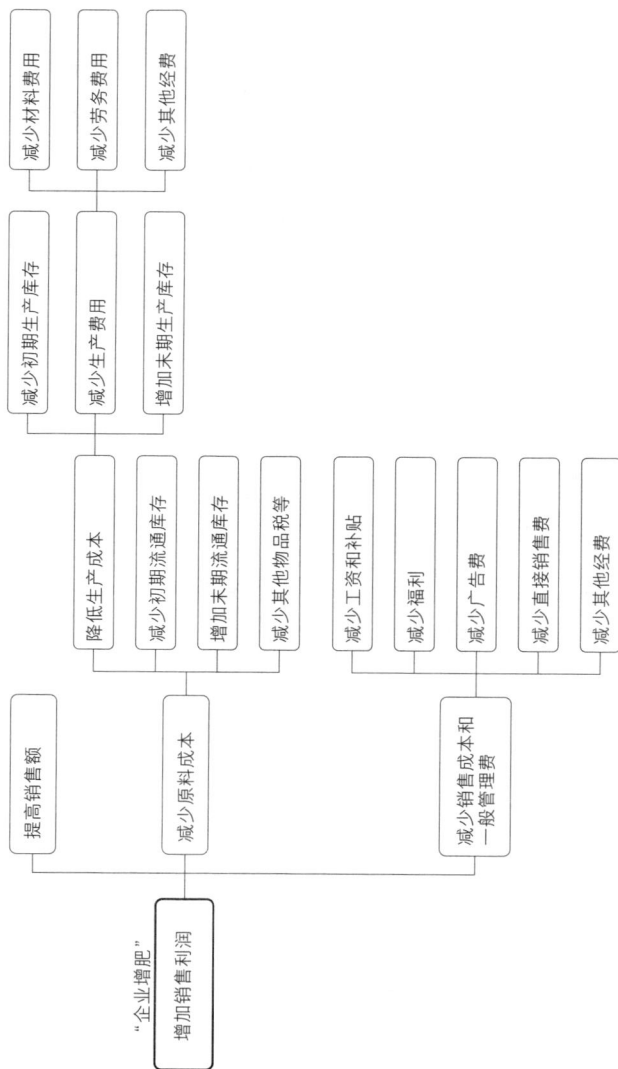

```
                                              减少材料费用
                              减少初期生产库存  减少劳务费用
                                              减少其他经费

                              减少生产费用

                              增加末期生产库存

                    降低生产成本
                    减少初期流通库存
          提高销售额  增加末期流通库存
                    减少其他物品税等

"企业增肥"
增加销售利润  减少原料成本

          减少销售成本和  减少工资和补贴
          一般管理费      减少福利
                        减少广告费
                        减少直接销售费
                        减少其他经费
```

加销售利润",必须通过提高销售额来增加收入,通过减少原料成本、销售成本以及管理成本等办法来削减支出。接下来我们将各个项目细分。如图所示,原料成本可以具体到材料费、劳务费、其他经费等4个层级。在这个"逻辑树"之中,只要提高销售额并降低成本,就能够实现"企业增肥"的目标。

但是,将这个"逻辑树"与前文中提到过的"减肥"的"逻辑树"进行对比后就会发现其中存在两个问题。一个是缺少"减肥"框架中"体内的积蓄物"项目,也就是企业的资产。不过,因为利润表本身就是以收入和支出的流程为基础,所以这部分并没有太大的问题。但第二个问题,因为"销售额"="从饮食摄取卡路里的量"属于利润表上的预期收入,从"实际收入"的角度来看就必须考虑"债权回收率和回收周期"。也就是说,如果提高了销售额但却没办法回收货款,或者回收周期太长的话,即便在利润表上获得了利润也会出现周转资金不足的情况。这对于中小企业来说是性命攸关的大事。从这个意义上来看,将"增加销售利润"定义为企业健康增肥的方法是不准确的。

案例6　企业增肥的情况2"提高企业价值"

这次我们将"提高企业价值"定义为企业增肥(图2-31)。首先,将企业价值分解为事业价值和事业之外的价值。

事业之外的价值包括土地和建筑物等有形资产,以及专利和租赁权等无形资产。因此,只要提高这些实际资产的价值,就可以提高事业之外的价值。但是,如果遇到类似泡沫经济崩溃时期

图2-31　企业增肥案例 ❷ "提高企业价值"

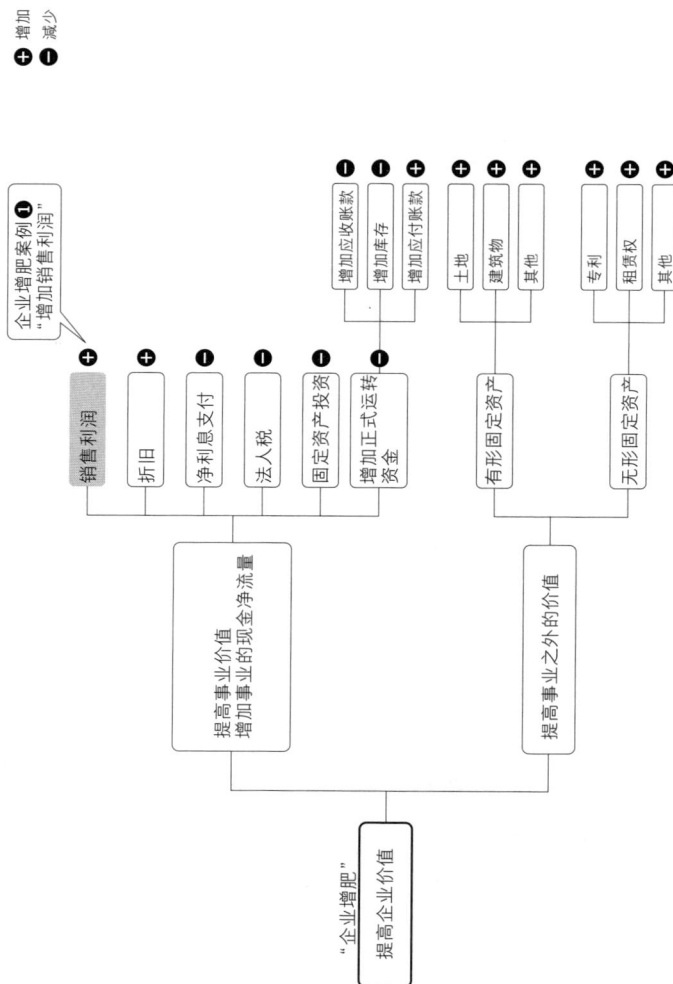

⊕ 增加　⊖ 减少

企业增肥案例 ❶
"增加销售利润"

⊕ 销售利润	
⊕ 折旧	
⊖ 净利息支付	
⊖ 法人税	
⊖ 固定资产投资	
⊖ 增加正式运转资金	

⊖ 增加应收账款
⊖ 增加库存
⊕ 增加应付账款

⊕ 土地
⊕ 建筑物
⊕ 其他
有形固定资产

⊕ 专利
⊕ 租赁权
⊕ 其他
无形固定资产

提高事业价值
增加事业的现金净流量

提高事业之外的价值

"企业增肥"
提高企业价值

的情况，不动产等资产价值迅速下跌，即便账面价值没变，实际价值却降低了一半，同时还要支付高额的利息。

再来看事业价值，通过与"减肥"进行对比，可以发现"增加事业净产出、现金流"能够提高事业价值。增加事业净产出也只是一个项目，除现金净流量之外，折旧和增加应付账款也都属于正面要素。同时，净利息支付、法人税、投资固定资产、增加应收账款、增加库存等都属于负面要素。

综上所述，回款率低会导致汇款周期延长，应收账款增加，库存增加会导致事业价值降低。用上述指标对企业进行评价是比较准确的。

事实上，像这种以现金流为基础的企业管理，如今已经愈发重要。对中小企业来说，即便在利润表上看是获利的，但现金不足也会导致资金周转困难。而对大企业来说，在投资股票和进行企业并购时，基于现金净流量做出评估也是重要的思考方式之一。

（4）通过框架学习"逻辑树"

"逻辑树"是能够在没有现成框架的情况下，通过自己制作框架来解决问题的技术。但实际上，"逻辑树"本身也已经实现了框架化，接下来我就为大家介绍 3 个例子。

财务分析的 ROA 树

ROA 是总资产收益率 Return on Total Assets 的简称。图 2-32

是基于日本某大型汽车公司从1988年到1992年的财务报表（B/S：资产负债表；P/L：利润表）和市场数据（市场规模与市场份额）所制成的图表。按照"MECE"的思考方法，利用"逻辑树"将ROA分为7个层级。也就是将以财务报表为主的200页以上的经营分析书的内容总结到了一张纸上。

ROA（总资产经常利润率）＝净利润 ÷ 总资产

经常利润＝净利润率 × 销售额

净利润率＝营业利润率＋营业外利润率

像这样将各个构成要素通过＋、－、×、÷进行分解，并按照"MECE"细分化就能够制作出财务分析ROA逻辑树。

通过这种分析，至少可以明确以下内容。

①在销售额低迷的情况下，②虽然采取了削减销售经费的对策，③但因为生产成本上升，④库存周转率低，⑤导致销售利润大幅下降。有兴趣的读者可以利用工作表（图2-33），基于P/L、B/S和市场数据将自己公司的状况制作成表格。这也是财务分析的基本练习。

管理费用价值分析

第二个是被麦肯锡公司称为OVA（Overhead Value Analysis）的方法，以削减间接成本的40%为目标进行业务分析，同时削减大量白领员工的间接费用的项目（图2-34）。这一框架的基本思

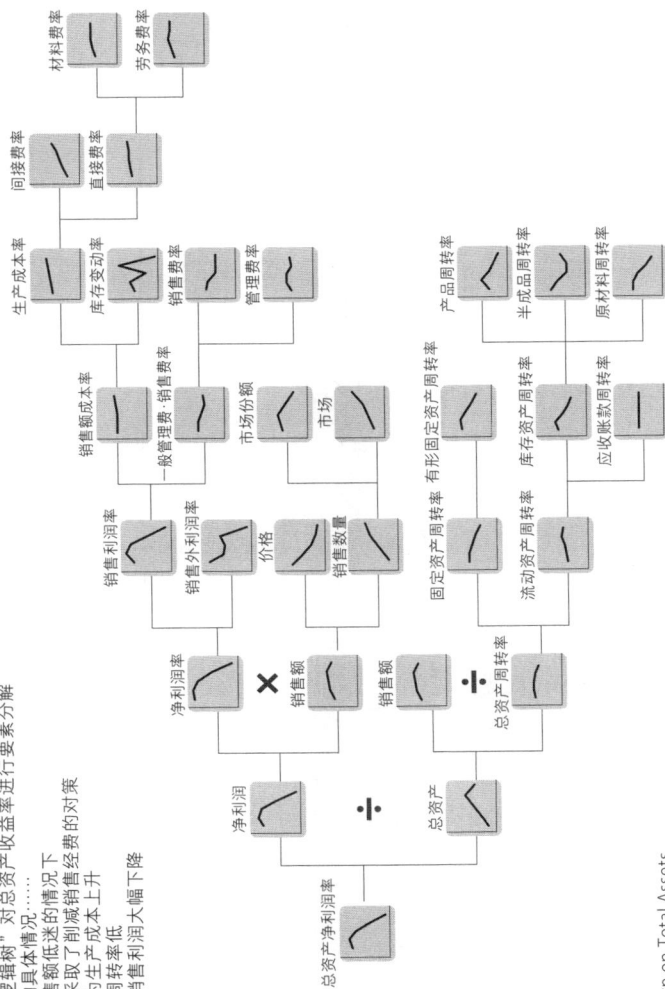

图2-32　X汽车ROA※树（1988—1992）

利用"逻辑树"对总资产收益率进行要素分解

X汽车的具体情况……
①在销售额低迷的情况下
②虽然采取了削减销售经费的对策
③但因为生产成本上升
④库存周转率低
⑤导致销售利润大幅下降

※Return on Total Assets

图2-33　过去5年间的ROA表

项目	（单位）	年	年	年	年	年	算式
总资产净利润率	（%）						净利润÷总资产（流动资产＋固定资产）
净利润	（百万日元）						
净利润率	（%）						净利润÷销售额
销售利润率	（%）						销售利润÷销售额
销售成本率	（%）						销售成本÷销售额
生产成本率	（%）						
间接人工费率	（%）						
直接人工费率	（%）						
材料费率	（%）						
劳务变动率	（%）						
库存变动率	（%）						
销售又一般管理费率	（%）						（广告宣传费＋销售直接费）÷销售额
销售费率	（%）						（工资＋福利＋其他）÷销售额
管理费率	（%）						（销售外收益－销售外费用）÷销售额
销售外利润率	（%）						
销售额	（百万日元）						
价格							
销售数量							
市场份额	（%）						
市场规模							
总资产							流动资产＋固定资产
总资产周转率							销售额÷总资产
固定资产周转率							销售额÷固定资产
有形固定资产周转率							销售额÷有形固定资产
流动资产周转率							销售额÷流动资产
库存资产周转率							销售额÷库存资产
产品周转率							销售额÷产品库存
半成品周转率							销售额÷半成品库存
原材料周转率							销售额÷原料库存
应收账款周转率							销售额÷应收账款

（注）在计算总资产净利率和周转率的时候，资产的值应取前年末期和今年末期的平均值

想是，以部门领导为中心清查各部门的主要业务，通过"逻辑树"将业务细分。然后根据细分后的具体业务内容，以人工费（人/天）和经费（万日元）为单位计算出成本。最后让各个业务内容的具体受益者对该业务进行评价，决定出优先顺序，大幅度削减成本。

　　根据日本生产性本部①公布的"OECD的30个加盟国劳动生产性"（2004年）数据表示，日本在30个加盟国中排名第19位。这是包含了白领和蓝领的综合数值，如果只看制造行业的话日本的劳动生产性排在第3位。也就是说，日本白领的生产性在发达国家中排名很低。当然，在不断开展各种方式的裁员的当今日本，只看单纯的数值是十分危险的，但日本企业白领的生产性也因为企业的不同而存在差异，即便如此还是低于欧美。尤其在官僚主义比较严重的企业中，很多管理层的领导还在负责那些入职3年的员工就能做好的工作。在他们的身上完全看不到通过自己的思考来增加附加价值、判断状况的能力、指明具体方向的能力等管理层所应该发挥的价值。

　　在实施OVA之后会发现各个部门之间的差异非常小。虽然从结果上来说，这与直接削减30%并没有太大的不同，但因为实施OVA的过程事实上也是说服员工的过程，所以OVA是在欧美十分常用的方法。在泡沫经济崩溃之后，日本进行了第一次产业重组，2008年的雷曼危机之后日本又进行了更加严格的产业重组。在企业彻底崩溃之前，必然需要进行破釜沉舟的产业重组。如果你对

---

① 是日本的民间组织。成立于1955年3月。其主要任务是：从事经营管理的研究和教育，推动生产性运动，促进国际间经营管理技术的交流。—编者注

图2-34 管理费用价值分析的基本思考方法

OVA[※]是指以削减40%的间接成本为目标进行业务分析，通过大幅削减白领员工（包括生产现场的间接业务）实现削减间接成本目的项目。是以"逻辑树"的思考方法为基础，对业务细分化进行评价的分析方法。

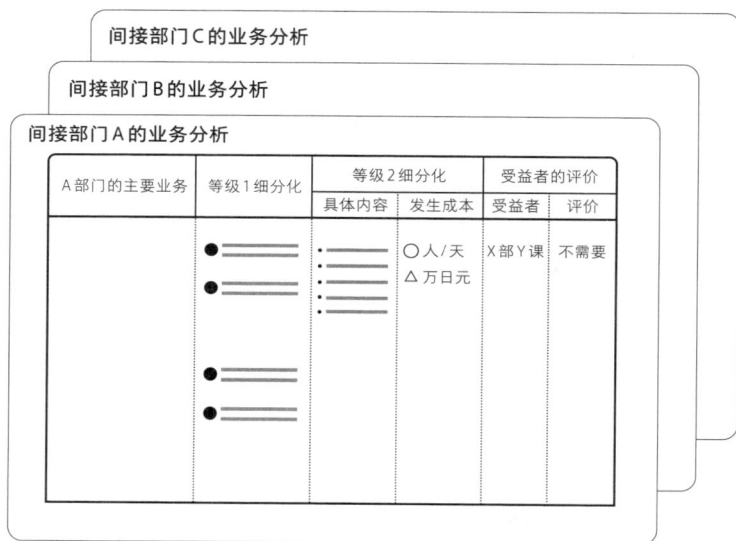

间接部门C的业务分析

间接部门B的业务分析

间接部门A的业务分析

A部门的主要业务	等级1细分化	等级2细分化		受益者的评价	
		具体内容	发生成本	受益者	评价
	●━━━	:━━	○人/天	X部Y课	不需要
	●━━━	:━━	△万日元		
		:━━			
	●━━━				
	●━━━				

什么是OVA

- 让各部门以40%为目标找出多余的业务。实际上各部门之间的差异很小，最后能够在20% ～ 30%的程度上削减间接人员。
- 与直接削减30%做法的区别在于，业务分析的过程本身就是说服员工的过程。

※OVA= "Overhead Value Analysis"

自己部门的生产性心存疑虑，或者希望让自己的组织更具竞争力，那就请试着用"逻辑树"对自己部门的业务进行一次清查，从价值和成本两方面把握业务内容。

因果分析

　　因果分析是为了寻找隐藏在表面问题（现象）背后的根本原因，通过因果关系整理现象与原因的分析方法之一。正如其字面意思"因果"（causality）一样，是聚焦于"逻辑树"的具体性和因果关系这两个重点的应用技术。

　　在商业活动的现场，表面的问题背后存在着错综复杂的原因，如果在没找到最根本原因的情况下就采取对策，可能起不到任何改善效果。这就导致问题可能会陷入一种恶性循环。在这种情况下，找到能够解决问题的根本原因就是最重要的课题，而只针对现象的对症疗法不仅无法解决问题，甚至可能使问题变得更加严重。

　　在进行因果分析的时候，首先要通过"逻辑树"找出引发问题的具体原因（图2-35）。然后试着找出多个具体原因与问题之间的因果关系。当然，一开始可能不太顺利，但也要大胆画出因果箭头。如果感觉因果关系有些奇怪，那可能是因为漏掉了某些项目，或者弄反了箭头的方向。只要重复几次这样的操作就一定能够明确因果关系。接下来就是整理表面的问题与应该解决的真正原因，决定解决问题的优先顺序。这是最基本的逻辑练习，大家一定要亲自尝试一下。

　　接下来让我们看一个因果分析的例子（图2-36）。我们在超市

图2-35 因果分析

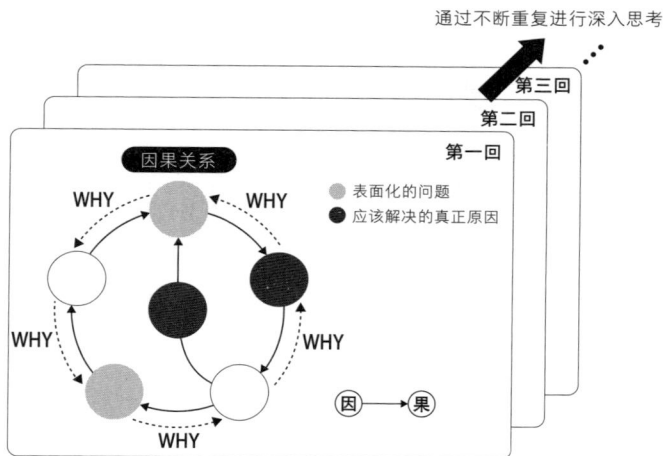

通过不断重复进行深入思考

第三回

第二回

第一回

因果关系

WHY　WHY

WHY　WHY

WHY

○ 表面化的问题
● 应该解决的真正原因

因 → 果

图2-36 新鲜循环型商品的因果分析

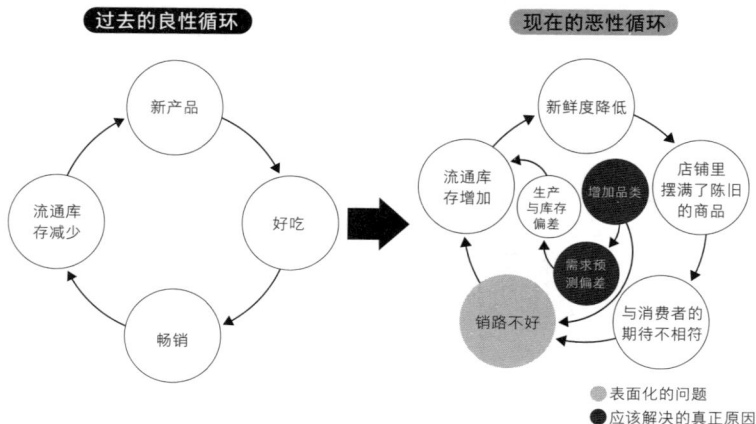

过去的良性循环

新产品

好吃

畅销

流通库存减少

现在的恶性循环

新鲜度降低

流通库存增加

生产与库存偏差

增加品类

店铺里摆满了陈旧的商品

需求预测偏差

与消费者的期待不相符

销路不好

○ 表面化的问题
● 应该解决的真正原因

和便利店的货架上，经常能够看到新鲜循环型的生鲜饮料和生鲜食品，这些商品以前因为品种比较少，竞争也比较缓和，所以处于只要生产出来就能卖出去的良性循环状态。但是，随着消费者和竞争规则的改变，这些商品出现了在零售店中销路不好的问题。

让我们通过"逻辑树"来具体思考"销路不好"这个表面化问题（现象）的原因。通过商业系统和市场营销的4P分析，我们会发现问题出在商品上。有的商品因为没有确定目标消费群体所以销路不好；还有的商品虽然销量说得过去，但消费者的评价却不太好。在进一步分析原因之后发现，细致区分消费者群体并推出多品种不同商品这种做法并没有取得预期的效果。另外，因为流通库存积压，导致店铺里摆满了陈旧商品。也就是说，生产商没有准确把握消费者的需求，导致无法对供需进行调整，这也是造成生鲜商品滞销的原因之一。

通过"逻辑树"找出多种原因之后，接下来就是用因果关系将看似有关系的原因和表面化的问题联系起来，找出最根本的原因。对于这个案例，最根本的原因是无计划地增加商品种类与准确度较低的需求预测。

在这种情况下，如果认为商品滞销导致流通库存增加，从而提出"加强库存管理，减少库存积压"的解决办法，那就是完全偏离了方向。这种表面化的库存调整就算能够暂时减少库存积压的问题，却会导致工厂库存的增加。

为了从根本上解决问题，需要根据销售额贡献度和产品线两方面找出真正必要的商品种类。另外，通过将影响销售额的重要因素加入到销量预测模型中，可以提高预测系统的准确度。

图2-37是国外某汽车零部件生产商的案例。对于汽车零部件（比如轮胎、蓄电池等）来说，即便是同一件商品也需要同时针对两种不同的顾客群体。一种是购买零件用来组装汽车的OEM客户（原始设备制造商），还有一种就是在零部件商店或修理厂购买零件用来修理汽车的普通用户。

因为这两个顾客群体的商业结构完全不同，所以在企业内部也分为OEM事业与维修用事业两个部门。以汽车生产企业为对象顾客的OEM事业对汽车生产的技术和成本的要求非常高，如果没有大规模的技术革新很难提高在汽车生产企业中的销售份额，虽然销售额比较稳定但收益性却很低。而以普通用户为对象顾客的维修用事业，

图2-37 汽车零部件生产企业的收益性

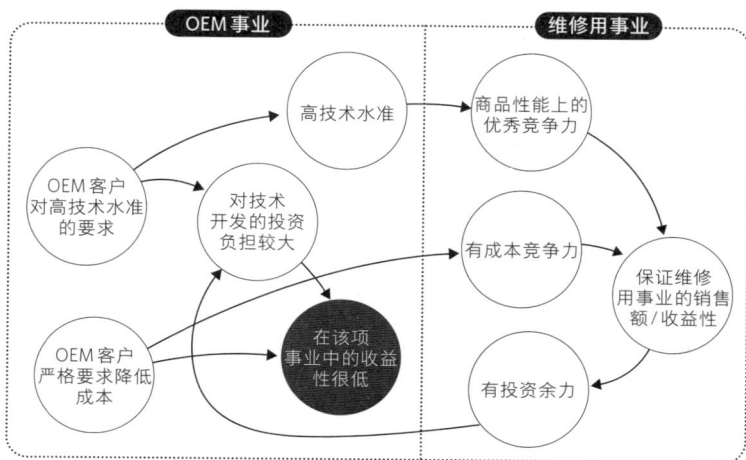

对技术的要求没有像OEM事业那样高，能够在一定程度上保证收益性，还可以通过市场营销的方法来提高销量，拥有很高的自由度。

在这样的状况下，收益连年下降的A公司认为根本原因在于汽车生产事业上投入的开发成本太高，于是决定退出OEM事业，将全部精力都投入到维修用事业上。

这个乍看起来基于正确分析的决定最终结果如何呢？结果是维修用事业不但没有顺利发展，甚至经营惨淡，最后A公司不得不宣告破产。

导致这一结果的最大原因就在于A公司将汽车生产事业和维修用事业分开考虑。如图所示，导致收益性恶化的根本原因确实是OEM事业对技术和成本的要求过于严格，但这也帮助A公司磨练了自身的技术实力，在成本方面具有竞争力，从而在维修用事业上获得收益。也就是说，要想在维修用事业上持续获得收益，就必须咬牙坚持OEM事业。

综上所述，在不同事业共享重要的技术基础的情况下，必须仔细分析各个事业之间的关系，决定出事业的优先顺序，否则必将招致最坏的结局。另外，一家企业如果不坚持提高自身的技术和成本竞争力，很快就会遭到淘汰。

在这个案例中，尽管为了维持OEM事业需要投入的技术开发成本很高，但取消OEM事业也无法大幅度地改善收益性。因果分析的目的就是判断哪些原因是能够解决的，哪些是无法解决的。

最重要的一点就是彻底搞清楚商业活动的逻辑，即因果关系。我将其称为"商业活动的因果律"，这是最需要重视的要素。

　　金钱是最重要的经营资源。企业创造出的利润，是用来偿还贷款？还是用来进行新的投资？或者用来购买土地或股票？每个企业都有自己的选择。即便对于企业内部的一个部门来说，如何使用预算也是非常重要的问题。要是预算十分充足或许不必为此烦恼，但在当今恐怕不存在这样的部门吧。所以关于每笔支出，必须在考虑重要性与紧急性的基础上决定优先顺序再分配。

　　而对家庭来说，奖金就是相当于企业利润的重要资源，除了项目和金额上有些差别之外，在其他方面都具有极高的相似性。在分配这样有限的资源时，"逻辑树"是非常有用的技术。

　　大家可以参考单身OL（女性白领）的工资分配图（图4），验证和考察自己的奖金的使用方法。

　　首先将能想到的项目全都罗列出来。然后将这些项目整理成几组，制作出"逻辑树"的雏形。在这个阶段，可能存在遗漏、层级不明确、项目不够具体等问题，可以让朋友或家人帮忙检查，然后不断完善。在单身OL的工资分配图中，住宅购买资金在储蓄项目下，但如果已经买完房子了，那么这一项就应该算在消费项目中。而孩子每个月的补习班费用应该放在必需品的项目下。

　　下一个步骤是以全家总收入为基础，根据重要度和紧急度将分配的优先顺序分为3个层级，并分别思考使用方法。如果是典型的4人家庭，需要考虑到每个家庭成员的分配，如果是单身的话除了考虑当前消费之外，还要考虑储蓄等各种用途。

图4 单身 OL 的奖金分配

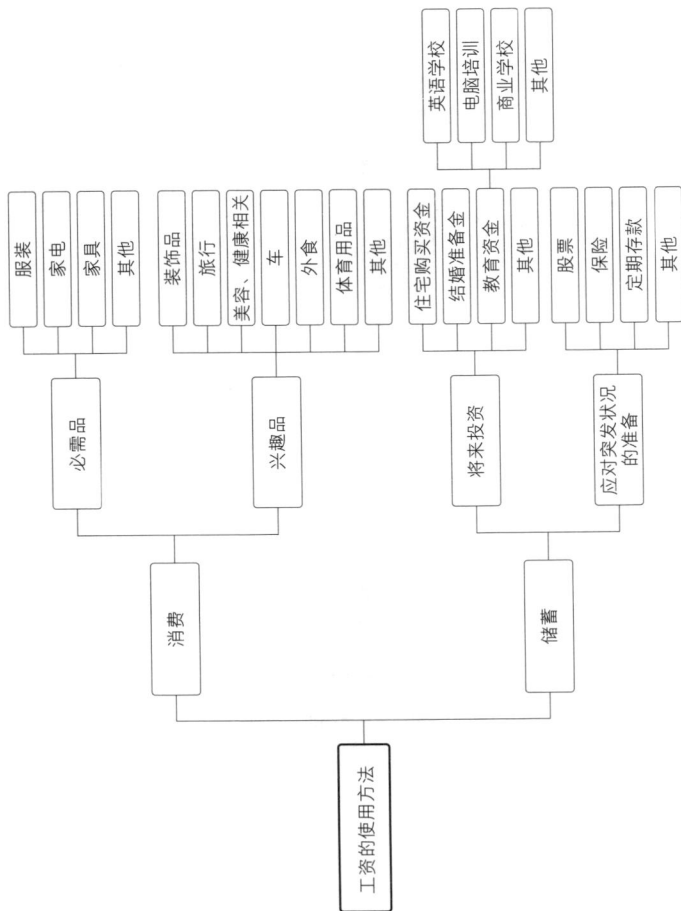

```
                                              ┌─ 服装
                                              ├─ 家电
                               ┌─ 必需品 ─────┤─ 家具
                               │              └─ 其他
                               │
                               │              ┌─ 装饰品
                               │              ├─ 旅行
                    ┌─ 消费 ───┤              ├─ 美容、健康相关
                    │          └─ 兴趣品 ─────┤─ 车
                    │                         ├─ 外食
                    │                         ├─ 体育用品
工资的使用方法 ─────┤                         └─ 其他
                    │
                    │                                  ┌─ 住宅购买资金
                    │                                  ├─ 结婚准备金
                    │          ┌─ 将来投资 ───────────┤─ 教育资金        ┌─ 英语学校
                    └─ 储蓄 ───┤                      └─ 其他            ├─ 电脑培训
                               │                                         ├─ 商业学校
                               │          ┌─ 股票                       └─ 其他
                               │          ├─ 保险
                               └─ 应对突发状况 ─┤─ 定期存款
                                  的准备        └─ 其他
```

练习5 **分析活动时间**

　　不管是平时对时间管理没什么概念的人，还是彻底管理自己的日程的人，如果将他们在日常商业活动中的时间分配定量化，并且对实际利用情况进行分析，就会发现他们实际上用在重要活动上的时间意外地很少。时间也是非常重要的经营资源之一。接下来让我们通过"逻辑树"对活动时间的使用方法进行一下清查，看看我们是否有效地利用了时间，并寻找无法有效利用时间的具体原因。

　　图5是某电脑相关行业销售人员一周的活动分析图。通过这个分析图我们不难看出，他的时间非常紧张，每天都很忙碌。但是对活动时间进行分析之后，发现将访问客户的时间都算上，他投入到销售人员真正重要的活动之中的时间还不到40%。而剩下的移动时间则花费在内勤或普通文员都可以处理的事情上。对于这位销售人员来说，尽管他有一位女性内勤助理，但却没有管理自己和助理的时间。或许有人认为花在外出上的时间对于销售人员来说是必不可少的。但如果对外出时间进行更细致的分析，就会发现其中至少有一半的时间是因为没有有效管理而被浪费掉了。也就是说，如果不能管理自己的时间，将时间安排到重要活动上，那么这位销售人员的恶性循环将无法得到解决。

　　我们可以通过"逻辑树"将自己一周之内的活动分解到具体的活动层级。接下来，将每一个项目按照重要度分为非常重要、重要、不重要这3类。然后将每一项活动的时间做成一个圆形的比例图。即便你觉得自己每天都很忙，也应该通过定量分析来检查自己是否在重要活动上投入的时间太少。不管是个人还是部门，都应该仔细思考提高生产性的解决办法。

　　管理时间的第一步，要从自己开始。

图5 电脑相关行业销售人员的一周活动分析

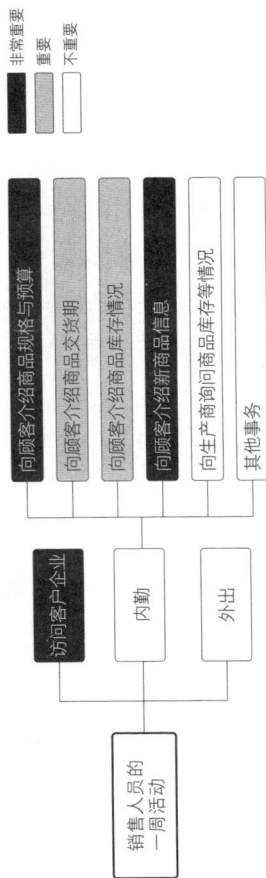

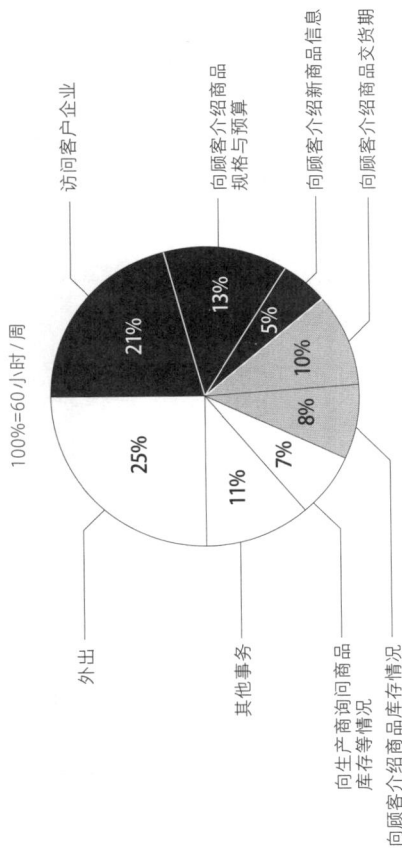

100%＝60小时/周

非常重要
重要
不重要

销售人员的一周活动
　├ 访问客户企业
　├ 内勤
　└ 外出

向顾客介绍商品规格与预算
向顾客介绍商品交货期
向顾客介绍商品库存情况
向顾客介绍新商品信息
向生产商询问商品库存等情况
其他事务

访问客户企业
向顾客介绍商品规格与预算　13%
向顾客介绍新商品信息　5%
向顾客介绍商品交货期　10%

外出　25%
其他事务　11%
向生产商询问商品库存等情况　7%
向顾客介绍商品库存情况　8%

21%

提高对用户的商品价值

要想提高商品价值，具体应该强化顾客需求的哪些部分呢？让我们通过"逻辑树"来思考一下这个问题。这时，把握好对顾客的价值与自己公司的投入资源之间的平衡非常关键。

消费者在选择和购买商品时，会参考自己的使用经验、商品宣传册、杂志介绍，以及朋友的推荐等，还会对产品的设计与功能等细节进行比较和分析。有时候消费者对自己需要的功能有明确的认知，也有的时候消费者自己都不知道自己究竟想要什么功能。另外随着技术的飞速进步，给一件产品增加功能也变得简单起来，所以一件产品的附属功能也越来越多。

但是，增加功能势必会导致成本上升，而成本上升将影响到商品的价格，所以并不是功能越多越好。最终的目的应该是让商品能够满足目标顾客的全部需求。

用"逻辑树"分解全自动洗衣机的用户所关心的主要项目，如图6所示。通过这个图表可以看出，消费者对清除毛球、清洁度、防止黑霉附着和节水、节省洗剂等项目的关注度比较高，在阅读商品宣传册的时候，也主要专注于这些内容。

诸位读者可以参考这个全自动洗衣机的例子，试着用"逻辑树"分解用户希望微波炉拥有的项目，思考在微波炉上增加什么功能或者怎样改变使用方法可以让顾客更加愿意购买，改变哪些功能可以提高用户的满意度。只要在商场里收集一些宣传册或者在网络上检索商品就能把握商品的主要功能。以下功能仅供参考：加热、解冻、烤箱、发酵、自动菜单、电烤炉、蒸汽功能、语音控制、清洗、除菌……哪些功能对哪些消费者是最重要的？试着以"MECE"为基础思考切入点并建立假设吧。

图6 用户对全自动洗衣机关心的项目

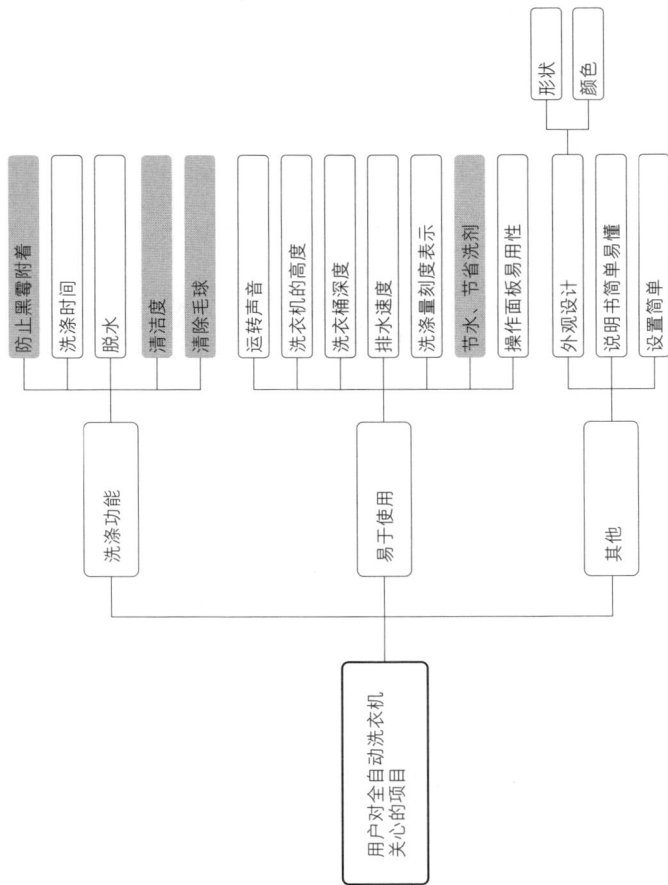

```
                                    ┌─ 防止黑霉附着
                                    ├─ 洗涤时间
                       ┌─ 洗涤功能 ──┼─ 脱水
                       │            ├─ 清洁度
                       │            └─ 清除毛球
                       │
                       │            ┌─ 运转声音
                       │            ├─ 洗衣机的高度
用户对全自动洗衣机 ─────┼─ 易于使用 ─┼─ 洗衣桶深度
关心的项目              │            ├─ 排水速度
                       │            ├─ 洗涤量刻度表示
                       │            ├─ 节水、节省洗剂
                       │            └─ 操作面板易用性
                       │
                       │            ┌─ 外观设计 ──┬─ 形状
                       └─ 其他 ─────┼─ 说明书简单易懂 └─ 颜色
                                    └─ 设置简单
```

第三章

流程篇

"解决系统"

"解决系统（Solution System）"是以分析商业活动的问题且为了制定具体解决办法的问题解决法，也可以说是通过"零基思考""假说思考""MECE""逻辑树"等方法高效地解决问题的实践流程。这并不是什么特别的方法论，只是将所有人在面对问题时都会采取的问题解决流程整理成体系，提高了解决问题的准确度和效率，使其能够应用于商业活动的现场。

　　比如"头疼"这个现象。如果你不觉得这是个问题，那完全可以置之不理。但如果你认为这是个问题，那就需要首先设定一个课题"如何治疗头疼"。所谓课题，就是"认为应该解决的问题"。针对该课题需要思考具体的解决办法。比如想出"睡觉""吃药""去医院"等多个解决办法，然后根据自身经济状况和时间的自由程度、疼痛的紧急程度等要素对解决办法进行多方面的评估。最后在多个解决办法中选出一个并采取行动，比如"吃药"。

　　一般来讲，上述思考流程都是在无意识中瞬间完成的。但对于商业活动来说，必须在有限的经营资源和时间中，以最高的效率完成这个自然而然的流程。除了天才，任何人都可能出现遗漏、

重复、缺乏具体性甚至完全偏离目标这样的错误。为了避免出现
这种情况，用最简单的步骤系统地解决问题，"解决系统"是最合
适的思考方法。

再现"解决系统"的流程

图 3-1 是以 WILL（干劲）为 X 轴，SKILL（能力）为 Y 轴，
分别由高到低组成的 2×2 矩阵。尽管这是一个非常简单的框架，
但却是评价商务人士的价值时很常用的定位地图。作为商务人士
来说价值最高的是位于右上方"干劲和能力都很高"的人。其次
是右下方"虽然能力较低，干劲很高"的人。排在第三位的是左
上方"能力很高，干劲较低"的人。作为商务人士价值最低的是
左下方"干劲和能力都很低"的人。之所以将"虽然能力较低、
干劲很高"的人排在"能力很高，干劲较低"的人之前，是因为
即便一个人头脑聪明能力很强，但是如果没有干劲（=能量少）
的话，那就什么也做不了。正如我在第一章开头说过的那样，在
商业活动之中最重要的是将"明白"变为"执行"，因此"干劲"
是非常关键的因素。而且只要有干劲，能力是可以通过后天的培
养和训练得到提高的，但是要想提高一个人的干劲却是难上加难。
所以"虽然能力较低，干劲很高"的人排在第二位。

十几年前的日本，正是越来越多的企业开始从终身雇佣的年
功序列制转变为以年薪制为基础的成果主义的时期，根据商务人
士的成果来对其做出评价。企业这样做的目的，是为了尽可能留

图3-1　"WILL×SKILL"图

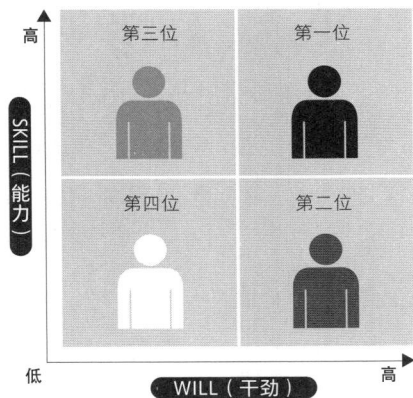

住真正的人才，也就是位于右上方象限中干劲和能力都很高的人。但是这样做的结果却导致跨部门的事业难以推进，没有人愿意去执行那些长远来看更重要的事业，与其他企业之间的合作关系也逐渐减弱。也就是说，管理层变得目光短浅，只关注那些能够立刻取得成果的事情。在许多企业之中都出现了不愿为了长期发展去培养人才的情况。

　　企业追求的"干劲"和"能力"都很高的优秀人才究竟是怎样的人才呢？用一句话来概括就是"专家型人才"。所谓专家，就是无论面对怎样的状况，都能发挥出全部的实力，哪怕任务目标不够明确，或者没有具体任务，也能够根据自己对未来的预测做出合适的框架，并且向前不断迈进的人。

　　企业必须创建出能够准确评价这样的专家的系统。要想发挥出全部的实力，并不是要一个人去完成某项工作。所以专家必须能够发动身边的人，明确流程，提出前进的方向和应该采取的行动。这些都是在评价专家时必须考虑的内容。

　　从这个角度来看，让我们将企业需要的而且希望其能够得到进一步提高的"UP（向上）型人才"，与今后应该淘汰的"OUT（落伍）型人才"用一条线区分开（图3-2）。在这个图表中，"SKILL"轴的设定方法也包括了上述内容。在今后的商业环境中，能够明确把握自身的价值，积极地为了提高自身价值而不断努力将会变得愈发重要。

　　A先生是某大企业的骨干员工。虽然以前他也对职场和上司心存不满，但顶多也就是在喝酒的时候抱怨几句就能消除的程度，不过最近这种不满却逐渐变成了一种莫名的不安，甚至让他开始

图3-2　"UP or OUT"企业的界限

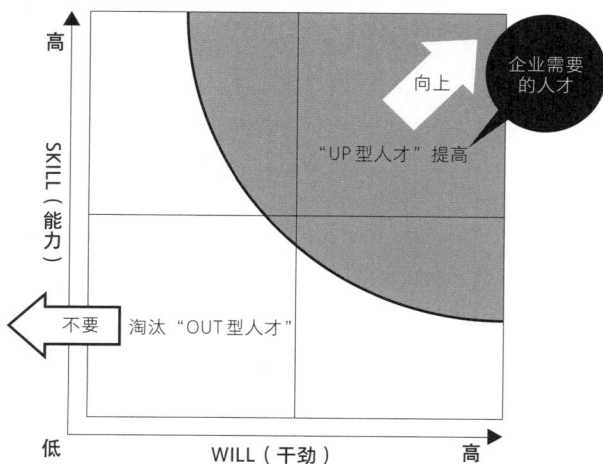

考虑跳槽。A先生自从入职以来一直从事销售方面的工作，现在担任某销售部门的销售科长。他在同期入职的同事之中属于发展比较好的，而且他的工作能力非常强，一直以来从没有显露过消极的情绪。他所在的企业最近也将成果主义导入到薪资体系之中。

归根到底，A先生的烦恼就是自己的职业规划与现状出现了偏差。A先生原本希望从事的是商品开发和市场营销领域的工作，刚入职的时候也希望能够在相关的部门工作。但是因为公司规定商品开发和市场营销部门的员工最少要有3年销售现场的工作经验，所以他先被安排到了销售现场，结果一直工作到了现在。他在总公司的销售部门工作期间，提出了一个全新的顾客管理系统，并且领导该项目取得了成功，得到了公司领导层的一致好评。

后来A先生被派遣到分公司任职，他开始为自己究竟应该继续积累销售经验，以成为管理层为目标，还是应该试着转型到商品开发和市场营销领域而犹豫不决。以他现在的年龄，再不转型恐怕就没有机会了，但他也不想放弃这么多年积累起来的工作经验，所以一直难以做出决定。

将A先生的状况放进"WILL×SKILL"框架之中，能够发现2个问题。第一个是，他在总公司时每天都忙于工作根本没时间胡思乱想和抱怨，而到了分公司之后工作一下子轻松了许多，这就导致他的能力和实际工作之间出现了偏差。第二个是虽然他对销售工作很有信心，但关于商品开发和市场营销领域的经验却少之又少，所以对是否应该转型心存不安。结果在不满和不安的交错中，A先生开始考虑跳槽（图3-3）。

图3-3 A先生的职业规划课题

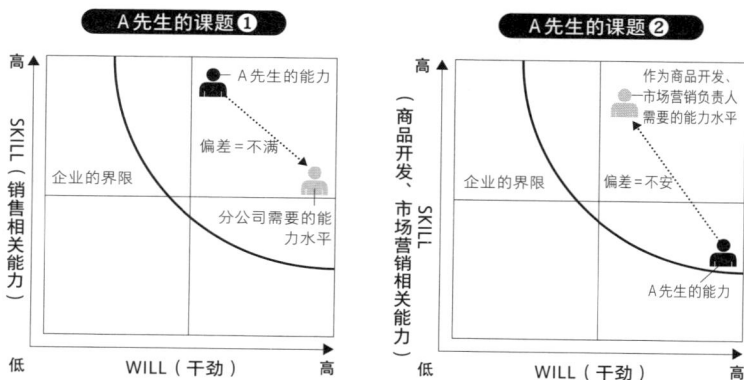

A先生的课题❶

A先生的课题❷

A先生对"是否应该跳槽"犹豫不决，但这样下去根本无法得出任何结论。因为"跳槽"只不过是解决办法之一。也就是说，需要解决的问题并不是"是否应该跳槽"，而是思考在这种状况下"今后是否能够在商品开发和市场营销领域使自己的职业生涯得到更进一步的发展"。如果针对这一课题思考了各种解决办法，但得到的回答都是"NO"，那么A先生就只能继续在现在这家企业的销售部门发挥自己的力量。像这样，首先设定什么是问题，什么是应该解决的课题，是解决问题的第一个关键点。

接下来就是思考今后职业发展的解决办法。正如图3-3所示，虽然A先生有很充足的干劲，但因为他与商品开发和市场营销相关的能力很低，所以不管是在当前公司还是其他公司，他都不可能在该领域继续担任科长的职务。如何弥补这个明显的偏差就是急需解决的问题。

　　弥补偏差的具体方法并不多。要想提高商品开发、市场营销能力，首先必须通过商业学校训练基础能力。然后无论是在自己公司也好还是在其他公司也罢，都需要通过现场的工作来积累经验和业绩。考虑到A先生的当前情况，他的第一个选择是申请调到商品开发、市场营销部门工作，同时通过商业学校和商业书籍来提高相关技能。而第二个选择是凭借自己在销售方面取得的成绩和高昂的干劲，寻找一家愿意聘用他担任商品开发、市场营销部门负责人的企业。

　　做出第二个选择的话可以直接去企业应聘或是通过猎头等中介来执行。在这个过程中，A先生可以验证并评价自己的市场价值，把握自己在一般人才市场中位于"WILL×SKILL"框架的什么位置。如果自己位于该企业的"OUT型人才"区域，那么就没有更进一步提升自己职业发展的空间，反之如果自己位于该企业的"UP型人才"区域，则有发展的可能。

　　A先生虽然通过几家猎头公司得到了一些企业的录用通知，但最终他还是选择在自己的公司里换了部门，每天都干劲十足地努力工作。

　　对于那些愿意录用自己的企业，A先生仔细地分析了实现职业发展目标的可能性与风险、收入、企业稳定性和企业文化。在将跳槽作为解决办法之一进行分析的过程中，A先生认识到了自己的市场价值，也意识到在原公司内部解决问题对自己来说是最佳的选择。

在实际生活和商业活动的现场，问题在不断发生变化。要想解决问题，就必须利用第一章和第二章介绍过的解决问题的思考方法与技术，得出具有当前时间点的解决办法的结论，执行次优解决办法。

首先，设定一个合适的解决课题非常重要。以 A 先生的情况为例，如果对问题认识不足，只在跳槽这一个解决办法的框架内分析的话，即便在其他企业担任商品开发、市场营销的负责人，也会因为感到自己的能力不足而心存不安，再没有仔细分析其他如收入、企业稳定性和企业文化等重要因素的情况下就贸然跳槽，最后很有可能导致追悔莫及的结局。

其次，是以设定的课题为基础，尽可能多地想出解决办法。还是以 A 先生的情况为例，A 先生在一开始思考的解决办法中漏掉了在原公司内部解决的方法。

最后，通过对比现状，验证并评估解决办法。A 先生评估其他公司的时候，除了职业发展目标之外还附加了多个项目，这样才能更加客观地评估。

像上述这样从设定课题、对现场的状况进行考察、思考解决办法（假设）到最终执行的流程是最普遍的流程。但是，在商业活动的现场，为了保证在不偏离目标的前提下高效地解决问题，最好采用我接下来即将为大家介绍的"解决系统"流程。因为课题是在不断发生变化的，要想解决课题就必须从全局的角度把握课题，灵活地修正轨道的同时找到次优解决办法并付诸行动，"解决系统"可以说是非常有效的流程。

　　"解决系统"是为了对商业活动上的课题进行分析并制定具体解决办法的问题解决法。大体上可以分为"设定课题""建立解决办法的假设""解决办法的验证和评估" 3 个步骤，接下来让我们分别思考这 3 个步骤（图 3–4 ）。

图3–4　　"解决系统"的 3 个步骤

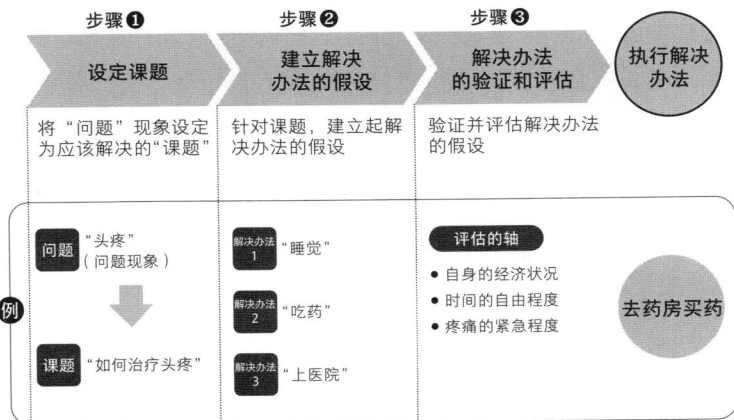

步骤❶	步骤❷	步骤❸	执行解决办法
设定课题	建立解决办法的假设	解决办法的验证和评估	
将"问题"现象设定为应该解决的"课题"	针对课题，建立起解决办法的假设	验证并评估解决办法的假设	

例

问题 "头疼"（问题现象）　⬇　课题 "如何治疗头疼"	解决办法 1 "睡觉"　解决办法 2 "吃药"　解决办法 3 "上医院"	评估的轴 ● 自身的经济状况 ● 时间的自由程度 ● 疼痛的紧急程度

去药房买药

1 设定课题

遇到问题的时候，将问题转变为今后应该解决的课题就是"设定课题"。"设定课题"的流程由两个部分组成，分别是设定"主要课题"，以及设定具体化、细致化的"个别课题"。

（1）设定主要课题——比较

假设现在出现了"A商品的销售利润额下降"的问题。首先需要将这个问题设定为课题。利润额下降了，应该怎样做？首先可以将"是否能够改善A商品的销售利润额"设定为"主要课题"。由此可见，如果认识不到问题，那就无法设定课题。所谓课题就是"认为应该解决的问题"。在设定主要课题的时候，需要思考应该与什么做比较，以及SO WHAT（所以呢？）。可以通过3C框架来思考商业活动上的比较对象（图3-5）。

公司本身：与目标之间是否存在偏差？

竞争对手：与竞争对手的强项之间是否存在偏差？

顾客：自己公司的商品与服务是否能够满足顾客？

图3-5 通过3C抽出"主要课题"的关键

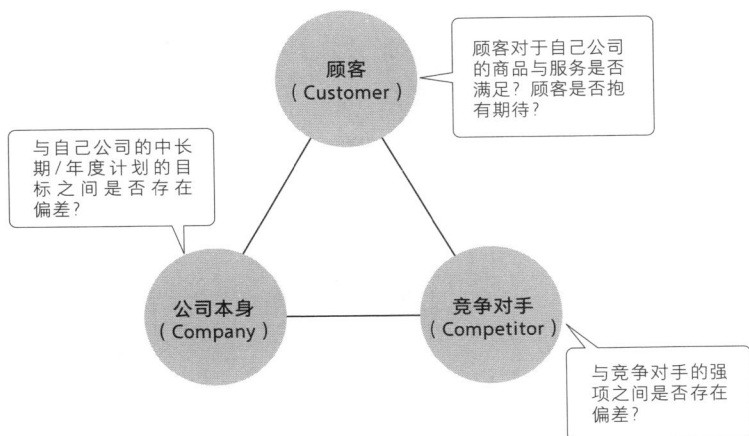

以在自己公司内部进行思考为例，可以直接检查本年度的销售目标与完成率之间的差距，还可以通过A商品过去5年间的利润额变动情况来把握偏差程度。另外，将销售人员的人均利润额和行业平均值做比较（为了进行比较而统一分母的过程被称为标准化），或者将行业第一作为标杆[①]与自己公司进行比较，思考什么地方存在差异也是很好的办法（图3-6）。只关注A商品的利润额却不采取任何行动的话，不可能解决利润额下降的问题。所以

①　基准点原本是指建立模型时，从水准点到建筑现场，根据测量引用的假设的高度为基准点的测量用语。为了制造没有倾斜的水平建筑的基础，经常以基准点为起点来检测高度。

图3-6　将问题转变为今后应该解决的"课题"，
首先从比较开始

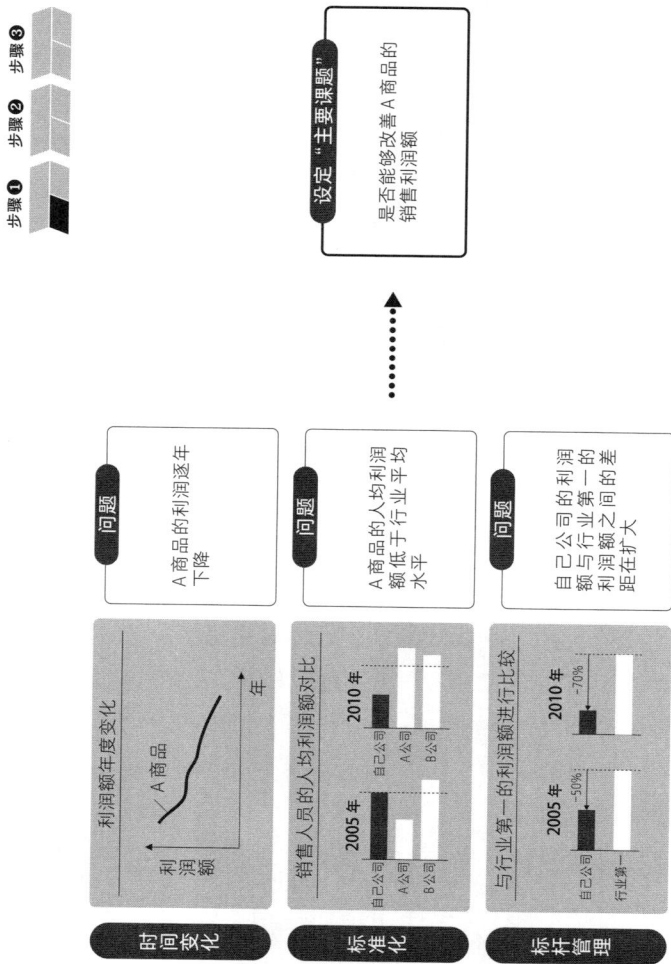

	问题
时间变化 利润额年度变化 利润额　A商品　年	A商品的利润逐年下降
标准化 销售人员的人均利润额对比 2005年　自己公司 A公司 B公司　2010年 自己公司 A公司 B公司	A商品的人均利润额低于行业平均水平
标杆管理 与行业第一的利润额进行比较 2005年 -50% 自己公司 行业第一　2010年 -70%	自己公司的利润额与行业第一的利润额之间的差距在扩大

步骤❶　步骤❷　步骤❸

设定"主要课题"

是否能够改善A商品的销售利润额

在设定课题的时候，上述的比较是必不可少的。

另外，应该将课题设定成以现状为主的短期解决课题，还是应该以实现将来的目标和企业愿景为中长期解决课题，会因比较时将视角放在时间轴的哪个位置而产生改变。

（2）设定个别课题——考察背后的机制

接下来是设定"个别课题"。因为问题是利润额减少，所以我们先来看一下利润额的构成要素：

利润额＝（价格—成本）×销量

也就是说，价格、成本、销量这3个要素都与利润额的改善息息相关。因此第一层级的"个别课题"可以分解为以下3个项目（图3-7）。

- 是否能够提高价格
- 是否能够降低成本
- 是否能够增加销量

如果更进一步分解，第二层级的价格可以分解为"是否能够单纯提高价格"和"是否能够通过增加新功能和服务来提高价格"，成本可以分解为"是否能够降低固定成本"和"是否能够降低变

图3-7 设定"个别课题"

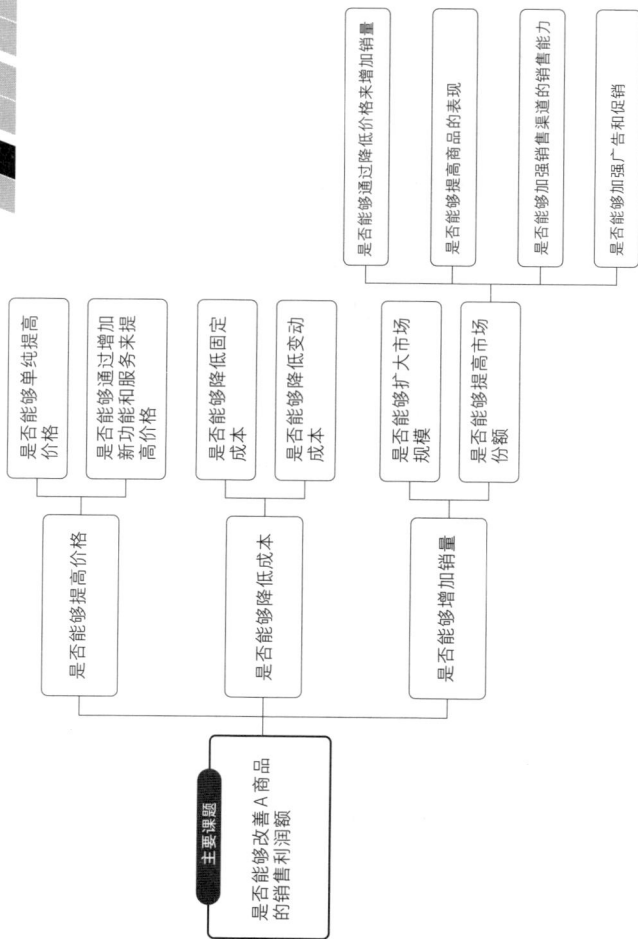

步骤❶　步骤❷　步骤❸

主要课题

是否能够改善 A 商品的销售利润额

├─ 是否能够提高价格
│　　├─ 是否能够单纯提高价格
│　　└─ 是否能够通过增加新功能和服务来提高价格
│
├─ 是否能够降低成本
│　　├─ 是否能够降低固定成本
│　　└─ 是否能够降低变动成本
│
└─ 是否能够增加销量
　　　├─ 是否能够扩大市场规模
　　　│　　├─ 是否能够通过降低价格来增加销量
　　　│　　└─ 是否能够提高商品的表现
　　　└─ 是否能够提高市场份额
　　　　　├─ 是否能够加强销售渠道的销售能力
　　　　　└─ 是否能够加强广告和促销

动成本"，因为销量等于市场规模 × 市场份额，所以可以分解为"是否能够扩大市场规模"和"是否能够提高市场份额"。

对于"是否能够提高市场份额"这个看不见背后构造的个别课题，还可以分解为"是否能够通过降低价格来增加销量""是否能够提高商品的表现""是否能够加强销售渠道的销售能力""是否能够加强广告和促销"。

在设定"个别课题"的时候，有两个重点。第一个是尽可能地利用"MECE"和"逻辑树"制作独特的框架。因为在环境变化剧烈的当今时代，现有的框架都已经过时，无法派上用场，如果强行将课题放入现有的框架中，可能会难以发现问题。

第二个是，将"主要课题"分解为"个别课题"是为了把握出现问题的背景，搞清楚引起问题的原因。比如在单纯提高价格会导致销售额减少的因果关系中，无法同时做到提高价格、提高销售额，以及降低价格、增加销量、提高销售额。但是，如果能够通过价格弹性分析等分析方法搞清楚价格与需求之间的关系，那么完全可以解决上述问题。也就是说，如果没有搞清楚隐藏在背后的机制，就无法找准应该解决的问题点，也无法顺利解决问题。

在这个步骤投入何种程度的精力，将直接影响到后续解决方案的质量。将第二章中提到的因果分析应用于这个步骤中，可以帮助我们加深对构造的理解。

2 建立解决办法的假设

所谓解决办法的假设，就是针对"主要课题"的当前时间点能够落实到行动上的具体解决办法。解决办法的假设由两个要素组成。一个是针对"个别课题"的"个别解决办法"，另一个是针对"主要课题"的"综合解决办法"。

（1）个别解决办法是否可控

首先是基于"零基思考"和"假说思考"的方法，针对"个别课题"制定"个别解决办法"。然后针对公司/部门/个人是否能够控制给出YES/NO的结论（=提出假设）（图3-8）。如果回答是YES，那就要思考怎样做，给出具体的解决办法（HOW），如果回答是NO，那就要思考为什么，给出理由（WHY）。

比如针对"是否能够单纯提高价格"这个"个别课题"的回答是"NO，提高价格会导致销量下降，利润额反而比现在更少"。而针对"是否能够通过增加新功能来提高价格"这个"个别课题"的回答则是"YES，虽然本商品属于大众日常用品，但从环境保护的角度来看还有创造新附加价值的余地"。

图3-8 针对"个别课题"制定"个别解决办法"

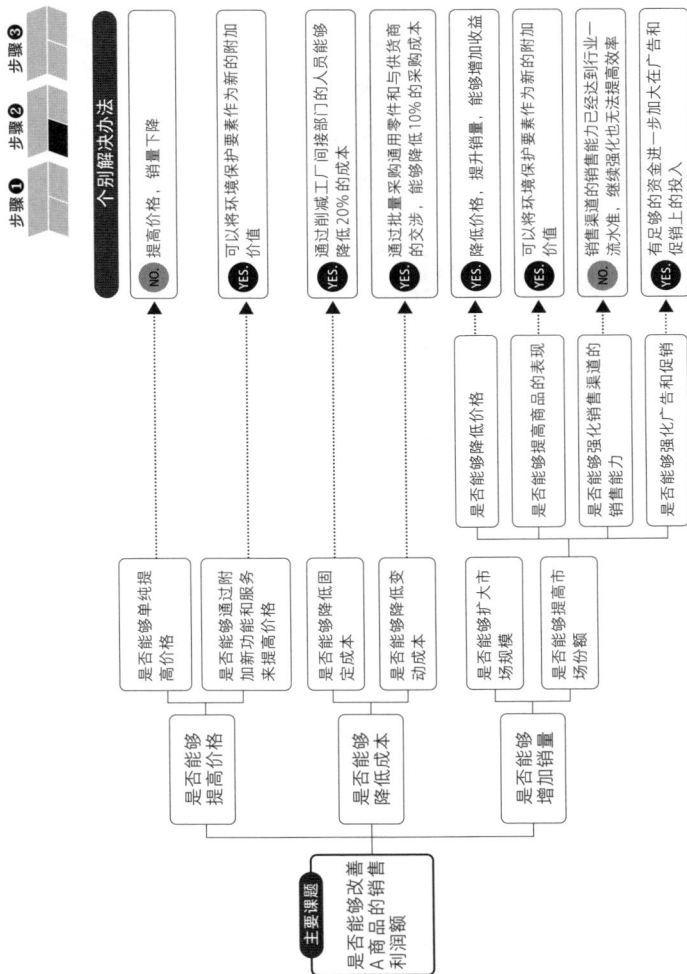

步骤❶ 步骤❷ 步骤❸

个别解决办法

NO!	提高价格，销量下降
YES!	可以将环境保护要素作为新的附加价值
YES!	通过削减工厂间接部门的人员能够降低20%的成本
YES!	通过批量采购通用零件和与供货商的交涉，能够降低10%的采购成本
YES!	降低价格，提升销量，能够增加收益
YES!	可以将环境保护要素作为新的附加价值
NO!	销售渠道的销售能力已经达到行业一流水准，继续强化也无法提高效率
YES!	有足够的资金进一步加大在广告和促销上的投入

是否能够降低价格

是否能够提高商品的表现

是否能够强化销售渠道的销售能力

是否能够强化广告和促销

是否能够单纯提高价格

是否能够通过附加新功能和服务来提高价格

是否能够降低固定成本

是否能够降低变动成本

是否能够扩大市场规模

是否能够提高市场份额

是否能够提高价格

是否能够降低成本

是否能够增加销量

主要课题
是否能够改善A商品的销售利润额

另外，针对"是否能够降低 A 商品的固定成本"这个"个别课题"，可以建立起"YES，通过削减工厂间接部门的人员能够降低 20% 的成本"的假设。

或者针对"是否能够降低变动成本"这个"个别课题"，可以建立起"YES，通过批量采购通用零件，以及与供货商的交涉，能够降低 10% 的采购成本"这一具体的假设。

总之，只要是有可能性存在的情况下就回答 YES，然后通过"零基思考"的方法，大家一起集思广益寻找解决办法。不必担心找不到解决办法，只要开展头脑风暴就一定能够想出合适的创意。如果解决办法无法落实到具体的内容上，那说明"个别课题"不够明确，或者课题与解决办法之间的逻辑不够严谨。为了避免出现上述问题，关键在于通过"逻辑树"（SO HOW?）使解决办法具体化，思考所有的可能性并进行验证。

（2）综合解决办法是否考虑到整体的资源分配

前面提出的具体解决办法（假设），只是针对"个别课题"的"个别解决办法"。因此在下一个阶段，就要将上述"个别解决办法"综合到一起，制定针对"主要课题"的"综合解决办法"。

当然，如果针对"个别课题"的"个别解决办法"的假设全都是 NO 的话，那么"综合解决办法"自动为 NO，也就是不可能解决。另外，在对每个"个别课题"的"个别解决办法"进行思考的过程中，如果发现存在能够导致整个解决办法都无法成立的否定要素的话，那么在那个阶段"综合解决办法"也会变为NO。

　　但是，只要在公司本身/部门本身/自己的可控范围内存在具体的解决办法（YES），那么"综合解决办法"就应该是"YES，能够提高A商品的利润额"。

　　至于"综合解决办法"的方针（图3-9），如果在经营资源紧缺的情况下，可以选择消极的解决办法，即"通过削减工厂间接部门的人员降低A商品的间接成本，通过批量采购通用零件，以及与供货商的交涉降低采购成本，达到提高利润额的目的"，将力量集中在削减成本上。

　　但是，如果经营资源充裕的话，那就应该采取积极的解决办法"开发符合环保需求的新商品，通过大幅增加广告和促销费用来增加价格和销量，达到改善利润额的目的"。当然，这种积极的解决办法也可以和削减成本的消极解决办法配合使用。

　　综上所述，"综合解决办法"就是将针对"个别课题"的YES/NO具体解决办法组合到一起，从经营资源的角度检查"个别解决办法"的整合性后制定出来的解决办法。因此，一般情况下会制定出多个"综合解决办法"（＝备选方案）。这些备选方案有时候可能会出现互相对立的情况。而且如果同时执行多个"综合解决办法"，可能会导致资源出现分散或重复。在资源与时间都受到制约的情况下，必须谨慎地有所取舍才行。而且将全部力量都集中在选定的"综合解决办法"上尤为关键。

　　另外，应该在考虑企业的理念、方针、战略方向，以及与组

图3-9 根据"个别解决办法"制定"综合解决办法"

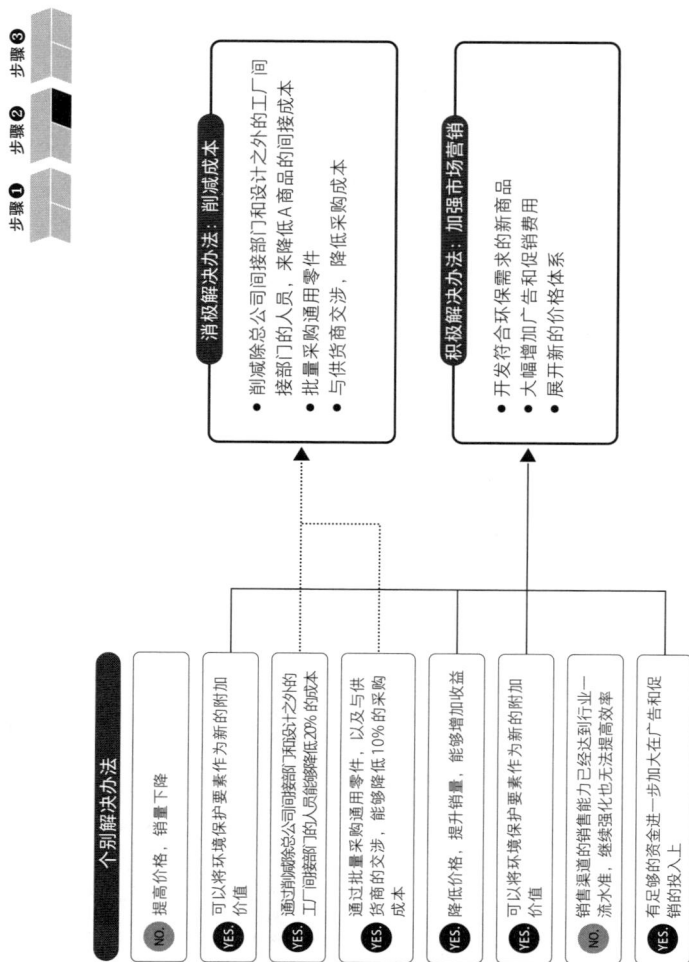

步骤❶　步骤❷　步骤❸

个别解决办法

NO.　提高价格，销量下降

YES.　可以将环境保护要素作为新的附加价值

YES.　通过削减除总公司间接部门来降设计之外的工厂间接部门的人员能够降低20%的成本

YES.　通过批量采购通用零件，以及与供货商的交涉，能够降低10%的采购成本

YES.　降低价格，提升销量，能够增加收益

YES.　可以将环境保护要素作为新的附加价值

NO.　销售渠道的销售能力已经达到行业一流水准，继续强化也无法提高效率

YES.　有足够的资金进一步加大在广告和促销的投入上

消极解决办法：削减成本

● 削减除总公司间接部门和设计之外的工厂间接部门的人员，来降低A商品的间接成本
● 批量采购通用零件
● 与供货商交涉，降低采购成本

积极解决办法：加强市场营销

● 开发符合环保需求的新商品
● 大幅增加广告和促销费用
● 展开新的价格体系

织的适用性的基础上整合"综合解决办法"，同时还要仔细考虑个别解决方法的实施时间的整合性。如果是战略解决办法的话，维持自身的竞争优势地位和差异化要素也是特别重要的内容。

　　在接下来的阶段中验证每个"综合解决办法"，并决定出优先顺序也十分重要。

3 验证和评估解决办法

　　验证和评估解决办法，就是验证和评估"个别解决办法"和"综合解决办法"。第一个是以事实为基础来分析并验证"个别解决办法"的"YES"是否成立。第二个是从经营资源和企业方针的观点出发评估"综合解决办法"。

（1）个别解决办法的验证——基于事实进行验证

　　无论是检索信息，还是访问，抑或是开展新的研究手段，在验证时最重要的一点就是一定要以事实为基础。虽然最好通过数值的形式来表现分析的准确度，但因为商业活动的关键是对方向性做出判断，分析本身并不是目的，所以不必一味地追求准确度。

　　因此，是否需要追求准确度取决于解决办法的内容（图3-10）。比如针对降低固定成本这个问题，就必须"通过分析管理费用价值对业务进行清查和评估"。而针对降低采购成本这个问题，可以先与供应商交涉，提出"通过分析竞争对手的零件成本和零件的通用化，增加在同一家供应商的采购量、降低采购成本"的计划。因为供应商对这个问题非常敏感，所以在具体执行之前

图3-10 零基思考

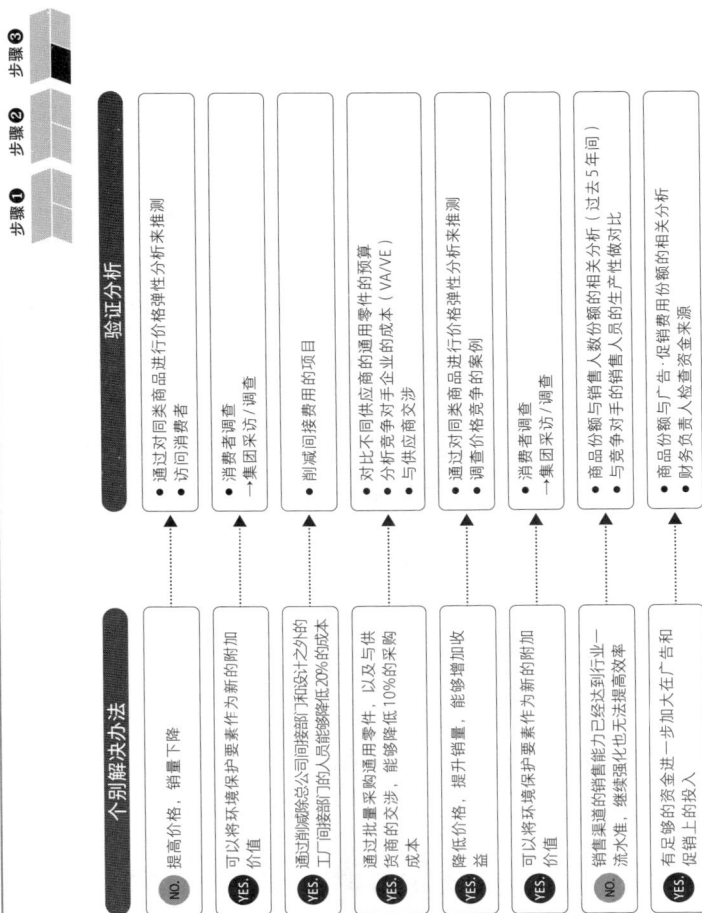

步骤❶　步骤❷　步骤❸

个别解决办法

- NO. 提高价格，销量下降
- YES. 可以将环境保护要素作为新的附加价值
- YES. 通过削减总公司间接部门和设计之外的工厂间接部门的人员能够降低20%的成本
- YES. 通过批量采购通用零件，以及与供货商的交涉，能够降低10%的采购成本
- YES. 降低价格，提升销量，能够增加收益
- YES. 可以将环境保护要素作为新的附加价值
- NO. 销售渠道的销售能力已经达到行业一流水准，继续强化也无法提高效率
- YES. 有足够的资金进一步加大在广告和促销上的投入

验证分析

- 通过对同类商品进行价格弹性分析来推测
- 访问消费者
- 消费者调查 →集团采访/调查
- 削减间接费用的项目
- 对比不同供应商的通用零件的预算
- 分析竞争对手企业的成本（VA/VE）
- 与供应商交涉
- 通过对同类商品进行价格弹性分析来推测
- 调查价格竞争的案例
- 消费者调查 →集团采访/调查
- 商品份额与销售人数份额的相关分析（过去5年间）
- 与竞争对手的销售人员的生产性做对比
- 商品份额用广告·促销费用份额的相关分析
- 财务负责人检查资金来源

很难准确把握具体情况，也存在一定的风险。另外，如果想分析价格和需求，理论上只要进行"价格弹性分析"即可，但实际上想要获得同类商品的弹性值相关系数非常困难，即便在预测的范围内向消费者询问性价比，其准确度也十分有限，只能大致地在一定范围内进行推测。所以在这种情况下不需要过度追求准确度，只要能够把握 YES 或 NO 的方向性就足够了。

在验证分析阶段，应该充分利用现有的各种分析框架和工具，追求分析的速度和效率，而不必过于追求准确度。但是，需要调查新内容的时候，针对需要证明的假设应该尽可能地按照"MECE"的标准对疑问项目进行分析，保证假设的关键点没有偏差。

（2）综合解决办法的评估——从硬件与软件两方面判断

在验证过所有的"个别解决办法"之后，就需要从硬件（解决办法）和软件（执行）两方面来评估"综合解决办法"。解决办法的硬件方面大致包括 4 个评估基准。

- 期待成果：从销量、利润、成长性的角度评估解决办法带来的效果
- 投入资源：从人力、物力、财力的投入量和相关企业的制约条件来评估
- 风险：从正面和负面两个方面评估市场和竞争关系（与竞争对手的差异化要因）的巨变可能导致的变化和失败风险

- 展开速度：和上述3个要素都有关联，为了更快获得成果
的早期展开速度的评估

对上述硬件方面的评估相对来说比较容易，更重要的是解决办法与企业理念和企业形态的整合性，企业领导对执行解决办法的支持力度等组织上的软件方面。软件方面的评估基准包括以下3点。

- 与企业形态和理念的整合性
- 确认企业领导的支持力度（责任/决心）
- 在执行层面上是否有拥有领导能力的推进者

此外，无论解决办法多么完美，如果在执行层面上没有一个具有强大领导能力的责任人去排除万难实施方案，最终也难以取得任何成果。虽然我们经常听有些企业说任务失败的原因是人才不足，但在绝大多数情况下这只不过是逃避责任的借口罢了。

像这样参考硬件、软件的基准，对消极办法（削减成本）和积极办法（强化市场营销）进行评估，如最后决定采用积极办法，那就要在执行负责人的带领下，在现场层面上继续深入发掘强化市场营销的个别解决办法，然后进入执行阶段（如3-11）。

要想将解决办法导向成功，现场的执行力可以说至关重要。关键在于，只要下定决定去做一件事，无论在资源、能力和时间上有怎样的制约与限制，都要竭尽全力坚持到底直至取得成功。

图3-11 "综合解决办法" 的评估

	消极办法 削减成本	积极办法 强化市场营销
硬件方面的评估		
1 期待成果：销量、利润、成长性、对其他事业的影响等（随企业目的函数的不同而改变）	△	○
2 投入资源：人力、物力、财力的投入量和相关企业的制约条件	小	大
3 风险：市场和竞争关系的巨变导致失败的风险	小	大
4 展开速度：取得成果的展开速度	小	中
软件方面的评估		
1 与企业形态、理念的整合性	×	○
2 确认企业领导的支持力度（责任/决心）	小	大
3 在执行层面上是否有拥有领导能力的推进者	有	有

步骤❶　步骤❷　步骤❸

4 使用"解决系统"表格

现在我们了解了"解决系统"的基本流程。为了使这个流程更有效率，我们可以利用"解决系统"表格（图3-12）。

其结构如图3-13所示。首先是将内容都写出来。个别部分的具体内容可以分别写在另外的纸上，但最终一定要将所有内容总结到一张表格之中。这样可以对自己面对的课题有一个整体的把握，对现在处于解决问题的哪个阶段一目了然。

通过这个表格，可以更容易地在环境不断变化的商业活动现场修正轨道，防止出现解决办法偏离目标的情况。这个表格还有一个好处，那就是肯定能够发现次优解决办法。正如我在"假说思考"中提到过的那样，与其花费大量的时间去思考最优，不如通过执行次优来自然而然地加深思考。

另外，上述流程并不需要死板地严格遵守。如果只能想出一个"个别解决办法"，那这就是"综合解决办法"，如果课题已经非常明确，那就没必要再为了设定课题而进行比较分析。

随着分析的深入，假设也会发生变化。因此，在深入思考寻找解决办法的过程中，不断重复各个步骤并不断试错是必不可少的（图3-14）。

图3-12 "解决系统"表格的用法

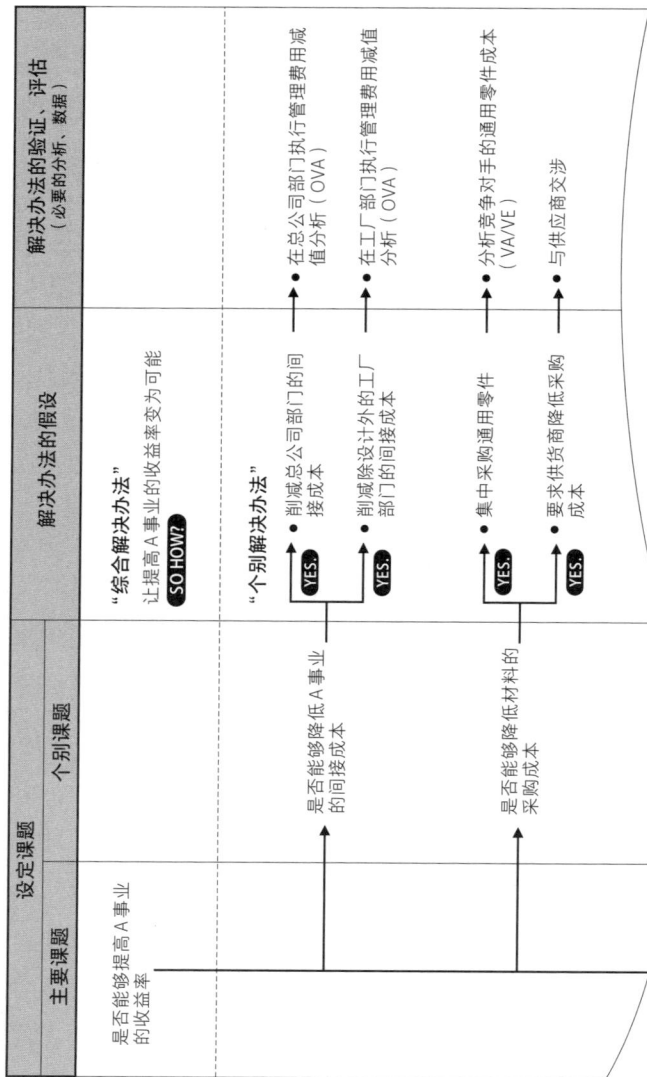

设定课题		解决办法的假设	解决办法的验证、评估（必要的分析、数据）
主要课题	个别课题		
是否能够提高A事业的收益率		**"综合解决办法"** 让提高A事业的收益率变为可能 **SO HOW?**	
	是否能够降低A事业的间接成本	**"个别解决办法"** • 削减总公司部门的间接成本 **YES**	• 在总公司部门执行管理费用减值分析（OVA）
		• 削减除设计外的工厂部门的间接成本 **YES**	• 在工厂部门执行管理费用减值分析（OVA）
	是否能够降低材料的采购成本	• 集中采购通用零件 **YES**	• 分析竞争对手的通用零件成本（VA/VE）
		• 要求供货商降低采购成本 **YES**	• 与供应商交涉

图3-13 "解决系统"表格的结构

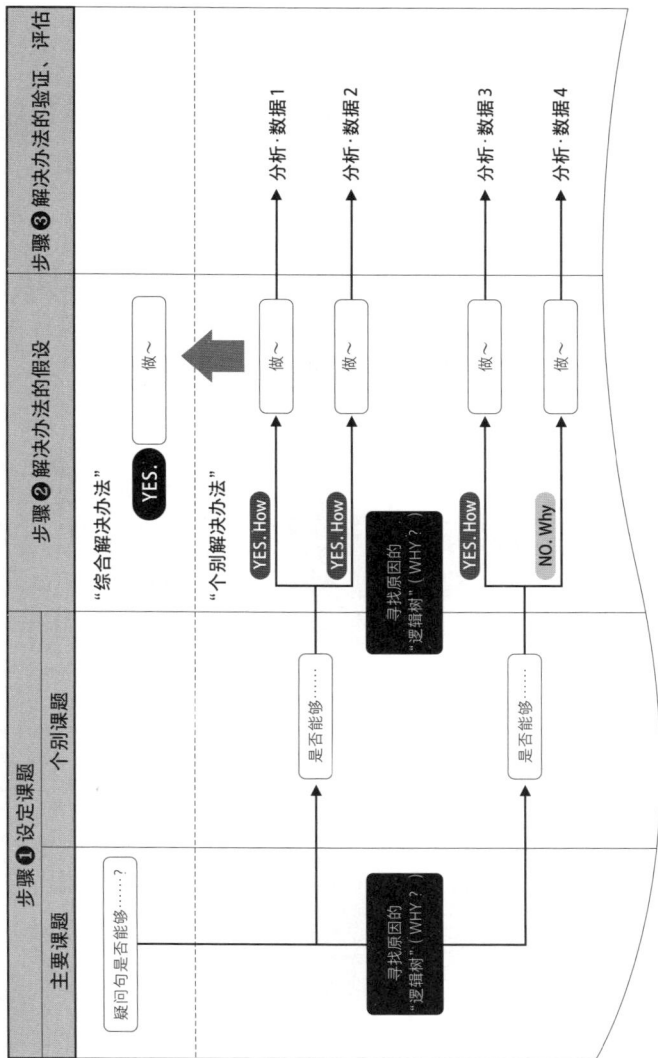

步骤 **①** 设定课题		步骤 **②** 解决办法	步骤 **③** 解决办法的验证、评估
主要课题	个别课题	"综合解决办法"	

"综合解决办法"

YES.

疑问句是否能够……？

寻找原因的"逻辑树"（WHY？）

是否能够……

"个别解决办法"

做～

YES. How

YES. How

寻找原因的"逻辑树"（WHY？）

做～

做～

分析·数据 1

分析·数据 2

是否能够……

YES. How

NO. Why

做～

做～

分析·数据 3

分析·数据 4

图3-14 "解决系统"

"解决系统" 是不断灵活变化的问题解决流程

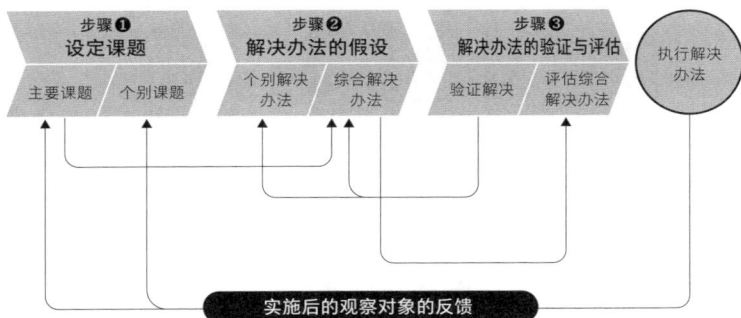

案例7   针对 "体重增加" 这一现象制定解决办法

让我们通过 "解决系统" 重新思考第二章中利用 "逻辑树" 分析过的 "我是否能够瘦下来" 的问题，验证其在一般课题上的适用性。

设定主要课题

为了将 "我是否能够瘦下来" 设置为主要课题，首先需要认识到自己过度肥胖的现状，然后拥有想要改善的意识。比如在每年一次的健康体检中发现体脂肪率过高，BMI值［体重（kg）÷身高^2（m^2）］大幅超过25，被医生提醒应该减肥（标准化分析）。或者在每天洗澡后习惯性地称体重，发现最近一年来体重增加了7公斤，感觉行动变得迟钝，腰部负担也增加了（趋势分析）。或者与你很喜欢模仿其穿衣打扮的明星相比，你感觉到自己腰腹部的赘肉变多了（基准化分析）。通过认识到上述现状，就可以将"我是否能够瘦下来"设定为主要课题。

设定个别课题

接下来，就是将主要课题"我是否能够瘦下来"分解为个别课题。这也是第一个需要自己开动脑筋的地方，必须建立一个独特的框架。此处就利用第二章用"逻辑树"开发出的"减肥的逻辑树"框架来设定个别课题（图3-15）。

第一层级的个别课题有3个。分别是"是否能够减少卡路里摄取量""是否能够去除体内的多余积蓄物""是否能够增加卡路里消耗量"。无论解决这3个课题中的哪一个都能够减轻体重。与之相对的第二层级的个别课题能够分解为"是否能够减少通过饮

图3-15 个别课题的"逻辑树"

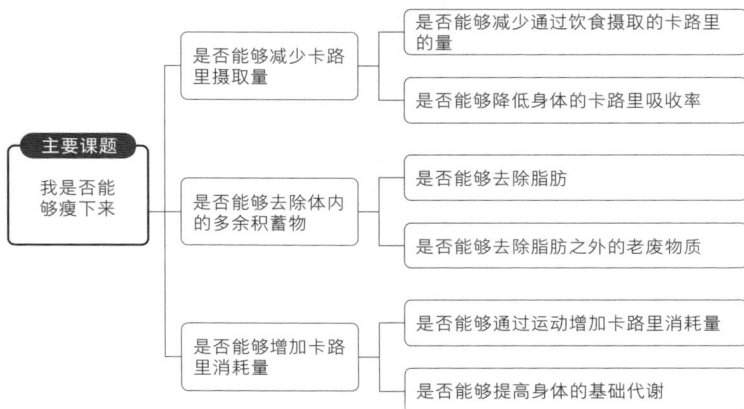

食摄取的卡路里量""是否能够降低身体的卡路里吸收率""是否能够去除脂肪""是否能够去除脂肪之外的老废物质""是否能够通过运动增加卡路里消耗量""是否能够提高身体的基础代谢"这6个。

制定个别课题的个别解决办法

接下来，就是思考个别课题的个别解决办法。首先将自己能想到的解决办法都写出来，然后检查解决办法对应哪个个别课题。一开始效率不高也没关系。接下来可以参考杂志上的文章和减肥的书，以及向成功减肥的朋友取经，进一步提高解决办法的完成度。召集几个同样有减肥意向的人来一场20～30分钟的头脑风暴也是个不错的方法。总之要充分地利用一切可利用的资源。

这样一来就可以针对每个个别课题制定个别解决办法。比如针对"是否能够减少通过饮食摄取的卡路里量"的个别课题，能够制定出"YES，限制食量，或者主要摄取像减肥餐那样的低卡路里食物"的个别解决办法。针对"是否能够降低身体的卡路里吸收率"的个别课题，能够制定出"YES，可以利用中药和针灸来改善体质"的个别解决办法。针对"是否能够去除脂肪"的个别课题，能够制定出"YES，可以通过美容整形来做吸脂手术"的个别解决办法。针对"是否能够去除脂肪之外的老废物质"的个别课题，如果现在想不到什么办法的话，就先写上"NO，没有解决办法"将其暂且放在一边。针对"是否能够通过运动增加卡路里消耗量"的个别课题，能够制定出"YES，增加平时的步行距离，或者每天进行有氧运动"的个别解决办法。针对"是否能够提高基础代谢"的个别课题，能够制定出"YES，通过肌肉训练增加肌肉，或者服用药物提高基础代谢"的个别解决办法。这样想出的个别解决办法可能会有遗漏，但有涵盖面这么广的个别解决办法，就足够制定出综合解决办法了。

制定针对主要课题的综合解决办法

　　在想出个别解决办法之后，接下来就是制定综合解决办法。综合解决办法大致可以分为三种。

综合解决办法1：自力稳妥方法

　　通过限制早、中、晚的食量，以及不吃零食等方法控制卡路里的摄取，同时使用计步器管理运动量，增加日常卡路里的消耗。

综合解决办法2：自力积极方法

　　去健身中心办会员，通过游泳、动感单车等有氧运动消耗卡路里的同时，进行肌肉锻炼打造新陈代谢率更高的体质。

综合解决办法3：他力活用办法

　　通过美容整形进行吸脂手术。还可以通过吃中药和针灸打造不易肥胖的体质。

不知道大家有没有发现，这3个解决办法其实在思考阶段就已经根据某种基准在个别解决办法之中做出了取舍。也就是说，在那个阶段就已经在某种程度上开始评估综合解决办法。比如综合解决办法1是时间和金钱消耗最少的解决办法，是从资源投入量的角度选择的。而综合解决办法2则只有在拥有充足时间和资金的情况下才能够执行。综合解决办法3更是需要大量的资金。

验证个别解决办法

对于被选为综合解决办法的各个解决办法，必须事先验证其是否真的有效。验证需要花费不少时间，有时候甚至还要投入资金，更重要的是会耗费验证者大量的精力，所以选择适合自己的验证方法尤为重要。验证的方法有很多，一般来说刊登在杂志和书上的内容都是已经得到过验证的，至于其他的方法可以向执行过的人或者健康咨询师等人请教。

比如与健身中心的健身教练交流，可以推测出每周来健身房3次，每次游泳30分钟和骑动感单车30分钟能够消耗多少卡路里，一个月能够燃烧掉多少脂肪。另外，去做美容整形手术的话，可以先咨询美容整形医师，了解所需的具体费用和恢复时间。

像这样验证个别解决办法和综合解决办法，删除没有效果的解决办法，在验证过程中如果发现新的解决办法也可以添加进来。

评估综合解决办法

假设上述3个综合解决办法经过少许的修正后，都被证实为有效。那么接下来首先从硬件的4个基准来对其进行评估。

（1）期待成果：根据体重与脂肪的减少量来评估效果。

（2）投入资源：根据自己必须投入的时间和金钱来评估。

（3）风险：根据短期内取得效果后是否会很快反弹，以及执行解决办法后是否会对身体造成不良影响来评估。

（4）展开速度：如果是紧急课题的话，至少也要在半年后取得明显的减肥效果，根据事先目标的速度来评估。

但最重要的还是软件因素，也就是本人的干劲（坚持的态度）。如果只坚持3天或者3周，那么之前投入的时间和金钱就全都白费了。而且如果没有坚定的意志，也难以将行动执行下去。

在选择综合解决办法的时候，要从硬件和软件两方面综合考虑做出选择。工作比较繁忙的商务人士大概会选择综合解决办法1，而不想限制食量且在时间和资金上比较宽裕的人或许会选择综合解决办法2。需要在短期内快速减肥并且拥有充足资金的人可以选择综合解决办法3。无论选择哪一种解决办法，在实际执行之后都应该定期检查体重和体脂肪率，最好制作一个图表来进行监督管理。这一流程整理成的"解决系统"表格如图3-16所示。

由此可见，在解决一般问题时"解决系统"也能够发挥作用。因为"解决系统"原本就是将解决一般问题时的思考流程整理成体系后应用于商业活动中的流程。

图3-16 "我是否能够瘦下来"的综合解决办法 ❷

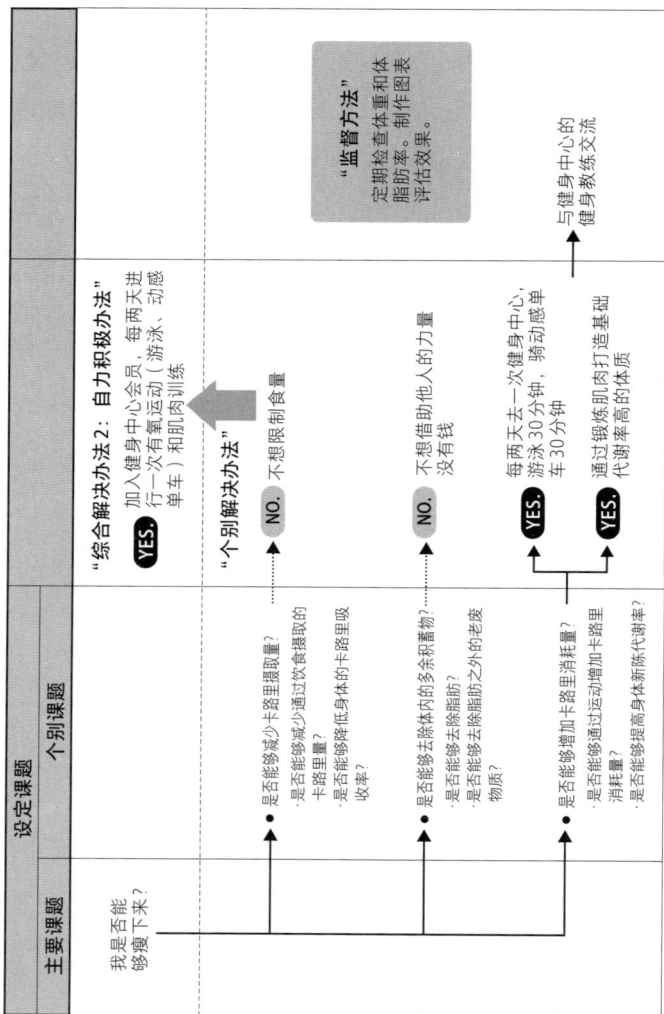

设定课题		
主要课题	**个别课题**	

"我是否能够瘦下来？"

- 是否能够减少卡路里摄取量？
  - 是否能够减少通过饮食摄取的卡路里量？
  - 是否能够降低身体的卡路里吸收率？

- 是否能够去除体内的多余蓄积物？
  - 是否能够去除脂肪？
  - 是否能够去除脂肪之外的老废物质？

- 是否能够增加卡路里消耗量？
  - 是否能够通过运动增加卡路里消耗量？
  - 是否能够提高身体新陈代谢率？

"综合解决办法2：自力积极办法"

加入健身中心会员，每两天进行一次有氧运动（游泳、动感单车）和肌肉训练

"个别解决办法"

NO. 不想限制食量

NO. 不想借助他人的力量 没有钱

YES. 每两天去一次健身中心，游泳30分钟，骑动感单车30分钟

YES. 通过锻炼肌肉打造基础代谢率高的体质

"监督方法"
定期检查体重和体脂肪率。制作图表评估效果。

与健身中心的健身教练交流

案例8　决定OEM事业今后的发展方向

接下来让我们将"解决系统"表格应用于经营上的课题。在技术革新愈加激烈，全球化商品竞争和价格竞争也更加激烈的经营环境下，高科技办公用电子产品A商品陷入了收益性极度恶化的状况。客户接连被竞争对手抢走，就连以A商品为中心的A事业都出现了存续的危机。

在这一状况下，公司领导将"本公司今后是否还能继续A商品的OEM事业"设定为主要课题。以此为基础，通过"解决系统"解决问题（图3-17）。

首先，利用寻找原因的3C（竞争对手、顾客、公司本身）框架将主要课题分解为个别课题。比如竞争对手可以分解为"是否能够在价格竞争中获胜"或者"是否能够应对专利战"。市场/顾客可以分解为"是否能够应对变化剧烈的用户需求"或者"是否能够维持现在与代工客户之间的关系"。公司本身可以分解为"以自己公司的技术实力，是否能够在半年周期内开发出新商品（人力）""是否拥有充足的资金投入到技术开发和生产设备上（财力）""是否能够活用海外生产设备（物力）"。

然后就是针对每个个别课题建立假设。比如针对价格竞争的假设是"YES，将生产据点从日本转移到中国，可以降低生产成本，提高竞争力"。针对专利战的假设是"NO，没有竞争对手的专利，自己公司无法开发新商品"。针对用户需求的假设是"NO，代工事业与终端用户之间的距离太远，无法及时应对用户需求的

图3-17　利用"解决系统"表格对经营商的课题进行分析

设定课题		解决办法的假设	解决办法的验证·评估
主要课题	个别课题		
本公司今后是否还能继续对A商品的OEM事业		**"综合解决办法"** NO. 应该尽早撤退	
	"竞争对手"	**"个别解决办法"**	
	● 是否能够在价格竞争中获胜？	**YES** 将生产据点从日本转移到中国，可以降低生产成本，提高竞争力	◆ 分析自身与竞争对手的成本、附加价值（VA/VE） ◆ 推算迁往中国的生产成本
	● 是否能够应对专利战？	NO. 没有竞争对手的专利，自己公司无法开发新商品	◆ 分析过去5年间和今后自己公司与竞争对手的专利
	"顾客"		
	● 是否能够应对变化剧烈的用户需求？	NO. 代工事业无法及时应对用户需求的变化	◆ 调查用户（OEM）需求 ◆ 调查商品生命周期
	● 是否能够维持现在与代工客户之间的关系？	**YES** 根据交易条件有7成能够维持下去	◆ 询问客户延长合同的条件
	"自己公司"		
	● 是否能够在半年周期内开发出新商品？	NO. 今后所需的重要技术以及技术人员数量严重不足	◆ 分析商品开发今后的方向性和技术实力
	● 是否拥有投资余力？	NO. 没有财源	◆ 财务分析（现金流）
	● 是否能够活用海外工厂？	**YES** 能够活用马来西亚和中国的生产线	◆ 分析海外工厂的剩余生产能力和成本

变化"。针对代工客户的假设是"YES，根据交易条件有7成能够维持下去"。此外，关于自己公司技术实力的假设是"NO，今后所需的重要技术以及技术人员数量严重不足"。关于财源的假设是"NO，剩余资金不足，而且难以从外部筹集资金"。关于生产设备的假设是"YES，能够活用马来西亚和中国的生产线"。在上述假设中，如果关于专利战的假设是真实的，那么仅此一项就足以成为否定要素。

在状况如此严峻的经营环境之中，个别课题就像是雨后的春笋一样不断冒出，难以彻底解决。在这种情况下，综合解决办法的假设有两个。分别是"YES，OEM事业能够继续下去"的乐观结果，以及"NO，应该从OEM事业撤退"的悲观结果，并不存在不好不坏的结果。而且，专利战是否属于否定要素也是关键。

通过"解决系统"表格，能够时刻准确地把握整体情况。如果在分析之后发现假设偏离了目标，那就可以立即修正个别解决办法的假设，替换综合解决办法。有了这张表格，还可以根据个别课题的范围委托相应的管辖部门做分析工作。例如，与价格竞争相关的附加价值分析，以及与专利战和技术力量相关的分析可以委托给技术开发和研究部门。活用海外工厂可以委托给生产管理部门，投资余力可以委托给财务·经理部门分析。用户和商品开发周期可以委托给商品开发和市场营销部门分析。

验证上述假设后，如果全部假设都是正确的，那么关于"主要课题"的结论就是"OEM事业无法继续，应该尽快撤退"。撤退是非常重要的决断，必须经过充分的验证才能执行。一流的咨询顾问，在与企业的高层领导或部门负责人交流的初期阶段就能够在头脑中构想这一系列的"解决办法"流程，同时建立起解决办法的假设。

以销售额1000亿日元以上的大企业高层领导为客户的咨询顾问，会将大量的精力都放在步骤3的验证、评估解决办法上。即便如此，仍然有难以说服客户的情况。与之相对的，销售额在几百亿日元左右的中坚企业，以及上市前的初创企业的经营者，大多在步骤2提出解决办法的假设阶段就会自己做出判断并且立即开始行动。越是熟悉商业活动现场的情况，对自己的判断和直觉有自信，重视经营效率的经营者，越是敢于在假设阶段就开始行动。

综上所述，"解决系统"就是利用"零基思考""假说思考"这两个思考方法，以及"MECE""逻辑树"这两个技术解决问题的流程。在接下来的第四章中，我将根据自己在某大型家庭用品生产企业实行的经营改革流程，为大家介绍利用上述思考方法和技术在经营现场取得成果的实际案例。

第四章

实践篇

"解决系统"的应用现场

在第一章中，我为大家介绍了"零基思考""假说思考"这两个商业活动上最基本、最重要的思考方式。然后在第二章中，我又介绍在实际解决问题时最基本的两个技术"MECE""逻辑树"。在第三章中，我介绍了综合利用上述内容高效解决问题的实践流程"解决系统"。

我在前三章中解说上述内容的同时介绍了一些具体的案例，在第四章中，我将通过真实的案例，详细介绍直面问题时应该如何思考，如何建立假设，如何分析，如何验证的整个流程。

案例就是我在某大型家庭用品生产企业（以下简称S公司）开创新事业的时候发生的一系列故事。因为涉及企业信息，所以我对文中列举的数据做了一些加工与改动。为了帮助读者深入理解前三章的内容，并能够活用于商业活动现场，接下来的案例忠实再现了所有必要的分析和实践的流程。最终的结论和具体的行动内容也都是事实，足够传达主题内容。

此外，在本章中我还会介绍几个在有限的信息和事实中导出结论的分析工具。这些都是充分利用图表（One Point Lesson 1），在分析各种战略课题时是非常有效的工具。我也经常使用这些工具分析、解决问题。我将通过 One Point Lesson（单点课程）的形式介绍哪些场合需要用到哪些工具分析，以及具体的使用方法和技巧。另外，关于分析的方法，我将在本书的姐妹篇《工作的原理·发现问题篇》中做详细的介绍。

1

养成用图表思考的习惯

　　为了建立假设而分析数字，验证"解决系统"建立的假设，以及在执行解决办法的过程中评价结果时，图表都发挥着巨大的作用。"我只要看到数字就能发现问题点和趋势，根本不需要浪费时间制作图表"，即便是对数字十分敏感的人在向他人传达相关内容时，也会使用图表，这样能够让内容更加简单易懂。

　　利用图表分析具有以下优点：

　　①能够迅速向他人传达内容

　　②能够让对方更准确地把握状况，更迅速地理解内容

　　③拥有极强的视觉冲击感，能够给人留下深刻的印象

　　因此，要想让他人达到和自己相同的理解程度，并快速做出判断，那就应该在工作现场养成用图表思考的习惯。现在有多种多样的制图软件，可以很简单地制作出立体的图表，但图表却并非越复杂越好。基本上来说，平面的图表就已经足够了，从便于人类理解的角度上来看，或许平面图比立体图更好。关键在于思考如何设定 X 轴和 Y 轴，以及通过对图表的分析能够导出怎样的假设（结论）。经过一段时间的训练，就能够逐步消除 SO WHAT 这样的无用分析。

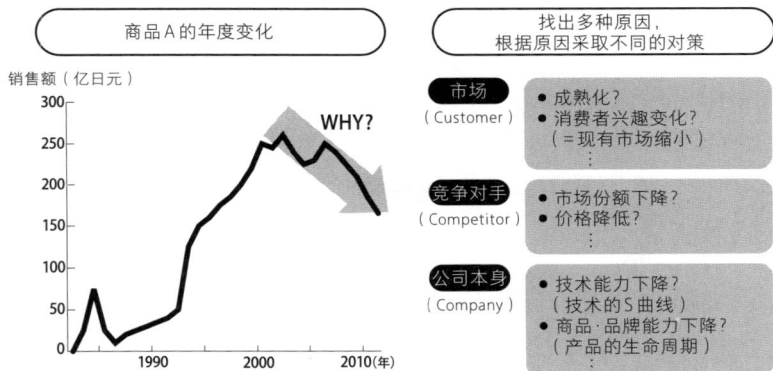

商品 A 的年度变化

找出多种原因，
根据原因采取不同的对策

销售额（亿日元）

| 300 |
| 250 | WHY? |
| 200 |
| 150 |
| 100 |
| 50 |
| 0 |
| | 1990 | 2000 | 2010（年）|

市场（Customer）
- 成熟化？
- 消费者兴趣变化？
  （＝现有市场缩小）
  ⋮

竞争对手（Competitor）
- 市场份额下降？
- 价格降低？

公司本身（Company）
- 技术能力下降？
  （技术的 S 曲线）
- 商品·品牌能力下降？
  （产品的生命周期）

1 设定事业课题

（1）找出大型家庭用品生产企业 S 公司的问题

正如我在第一章开头提到过的那样，S 公司是一家以家庭派对形式贩卖家庭用品的直销公司。S 公司在全球 50 多个国家和地区都拥有自己的销售网络，进入日本市场已经有 30 余年（当时）。S 公司在日本全国拥有 160 家专门销售其商品的分销商，这些分销商旗下的销售人员主要以家庭主妇为主，按照资历被称为经理和

图4-1 S公司的销售组织

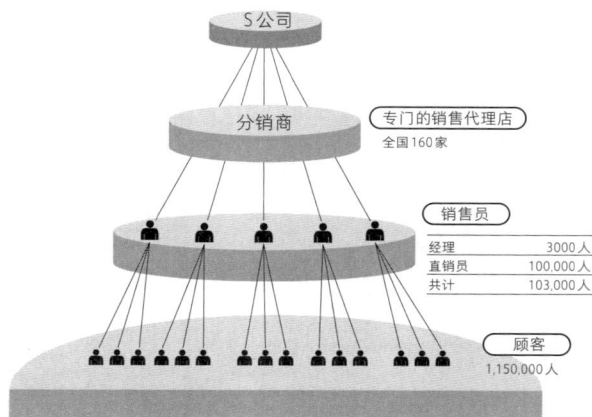

S公司

分销商 | 专门的销售代理店
全国160家

销售员
经理 3000人
直销员 100,000人
共计 103,000人

顾客
1,150,000人

直销员。经理大约有3000人，直销员约10万人。而从这些销售人员手中购买商品的顾客大约有115万人之多（图4-1）。

一直以来这家公司的商品都主要为塑料保存容器。这是一种密封性极佳的商品，除了持续保持干燥之外，在持续保湿、冷冻保存以及微波料理等方面更能够发挥其真正的价值。日本分公司还导入了美国总公司的多层锅，提倡家务的合理性和健康性，得到了日本家庭主妇的认可。销售人员通过家庭派对向顾客们演示商品的使用方法，提高商品的附加价值，从而能够以较高的价格销售商品。

但是，如今其他生产企业的技术实力都有所提高，即便密封性无法达到S公司的水平，但低廉的价格还是吸引了大量消费者。再加上这些企业的销售渠道多种多样，消费者可以在超市、商场甚至日用品零售店的货架上买到类似的商品。这样一来，即便S公司的销售人员通过现场演示来提高商品的附加价值，也难以弥补与其他同类产品之间的价格差距。

另外，S公司在销售上也存在两个问题。第一个是工作主妇和去健身中心与学习会的主妇越来越多，导致在家的主妇的比例急剧下降。这样一来即便销售人员召开了家庭派对，前来参加的主妇也很少。也就是说不仅从量上来看顾客减少了，从销售系统上来看顾客也减少了。S公司必须重新建立销售系统。

第二个是愿意做销售人员的专职主妇越来越难找。S公司要想扩大销售系统，首先需要有专职主妇购买大量商品自己使用。在使用过程中了解到商品好处的人就会被S公司雇用为销售人员。但是，由于专职主妇群体数量减少，以及专职主妇获得其他雇佣的机会也在不断增加，导致S公司雇用销售人员的难度越来越高。

在销售现场，S公司为了尽可能增加商品的销量，将本来作为销售人员提成的一部分销售利润变为销售人员购买商品时的折扣，也就是将销售人员变成顾客。这导致S公司一直以来凭借强大的商品力展开的销售网络出现了严重的两极分化。

（2）分析问题现象

出现于S公司的商品和顾客身上的现象，可以概括为"same food for the same fish in the same pond"。翻译过来就是"给同一个池子(市场)里的同一群鱼(顾客)喂同样的饵(商品)"。换句话说，总是保持同样的商品、同样的市场和同样的顾客，总有一天成长会达到极限。

特别是像S公司的产品这样购买周期极长的耐用商品，上述情况更加致命。不能及时应对时代和消费者的变化，缺乏开发商品和服务的干劲，总是维持同样的顾客群体、缺乏开拓新顾客群体的能力，这样的企业无论在任何行业都会陷入困境。S公司就完全符合上述条件，结果其销售额在20世纪80年代初期达到顶峰，接着迅速下降（图4-2）。

让我们将这个曲线图转换成矩阵图。以商品作为X轴，以市场/顾客作为Y轴。然后将每个象限按照现有和全新的基准进

图 4-2 销售额的 S 曲线

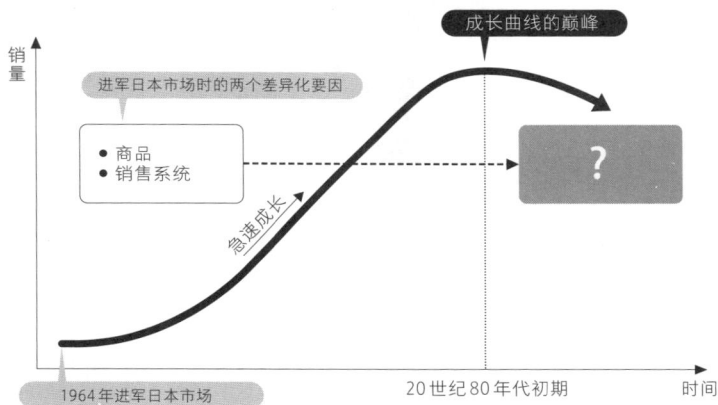

图 4-3 商品 × 市场/顾客的矩阵图

行"MECE"的分类（图4-3）。那么"same food for the same fish in the same pond"指的就是这个2×2矩阵中的左下象限。也就是持续将现有商品销售给现有市场中的现有顾客的状态。因此，要想从这种闭塞的状况中挣脱出来，要么利用现有的商品去开发新的市场和新的顾客，要么在现有市场为现有顾客提供全新的商品。甚至还可以开创全新的事业，在全新的市场中为全新的顾客提供全新的商品。总之，理论上只有这3种选择。

接下来让我们利用"3C＋1C"的框架整理一下上述现象（图4-4）。

图4-4 S公司的3C＋1C

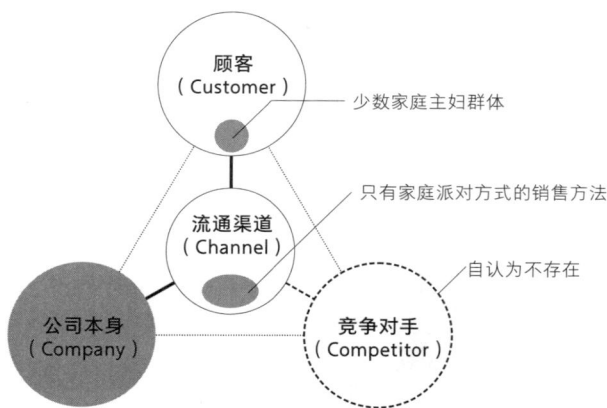

首先是Competitor（竞争对手）的情况。除了塑料容器、日用百货或者百货店等零售行业的相关人员，普通消费者恐怕很难

说出相关企业的名字。对于"S公司的竞争对手都有哪些企业"这个问题，绝大多数人的回答或许都是"只有少数几家企业""在销售渠道上，像安利那样的直销企业和大型超市、家具市场可能属于竞争对手"。但是，一直以来S公司对这个问题的看法却是"没有竞争对手"。以前我曾经问过一位管理骨干，他当时不假思索地回答我："没有竞争对手。"很惊人吧。如果从"采用上门推销的方式销售高级塑料保存容器市场"这个非常狭窄的意义上来说，S公司确实没有"竞争对手"。

但正如我前面提到过的那样，与S公司的商品很相似的商品已经到处都是，而且销售渠道也多种多样。竞争对手简直多得不能再多了。S公司采取的对策却是不承认他们是竞争对手。当然，S公司确实没有必要因为在价格上没有竞争力就降价销售原本能够高价卖出的商品，以此来和廉价的商品竞争。但这也并不意味着S公司可以忽视对方的存在。正所谓知己知彼百战不殆，只有了解竞争对手，才能在自己公司的商品开发上发现完全不同的方法。我正是因为对竞争对手进行了非常细致的分析，才成功地开发出了全新的商品系列。即便是现有的产品线，也可以通过对竞争对手的分析找到完全不同的商品开发方法。如何看待"竞争对手"，不管是在商品开发商、市场营销上，销售政策上还是经营战略上，都是非常重要的因素。

以外卖比萨行业为例，如果从"外卖系统"的角度来看，那么除了同行外卖比萨之外，拉面店、寿司店、便当店等都属于竞争对手。从商品的角度来说，除了意大利料理之外，御好烧、章鱼烧、肉包子、面包等也都属于竞争对手。从以家庭为主要消费群体的食品产业角度来看，家庭餐厅和快餐店都属于竞争对手。

当然，在思考竞争对手的时候，并不是说完全按照"MECE"的方式去判断就是最好的做法，因为要考虑到这样做的性价比。所以，如何判断和确定竞争对手，是企业战略上的关键点。对S公司来说，完全忽视了3C中的"竞争对手"，只关注"Company（公司本身）"的情况，就是导致其失败的主要因素。

在"Channel（流通渠道）"方面，S公司一直坚持上门推销的家庭派对方式。这种销售方式早已经跟不上时代，对"Customer（市场）"的覆盖率也越来越小。然而S公司不但没有尝试改变这一方式，甚至连修正都没有。近年来，网络销售市场取得了巨大的发展和进步，但上门推销行业的增长却微乎其微。S公司不去寻找其中的原因，只是一味地给销售部门施压。因此，促销和激励计划越来越复杂，甚至这种行为本身变成了目的。这显然是存在结构上的问题。S公司的情况，从市场份额的角度来看，在市场覆盖率和获胜率上都存在着巨大的问题（One Point Lesson 2）。

很多采用上门推销方式的企业都面临着类似的困境，比如缝纫机、服装、化妆品等相关企业。这种结构上的问题在其他行业也很常见。比如以前拥有强大的连锁店网络的家电、化妆品、酒类、石油产品等行业。在渠道变化剧烈的今天，他们曾经拥有的销售网络越强大、越复杂就越是会变成一种牵制，面临的问题也就越大。当然，或许其中也有完全忽视竞争对手的因素……

2

市场份额分析：
问题究竟是市场的覆盖率，还是竞争时综合实力的差距？

　　自己公司的市场份额的构成要素大致可以分为市场的覆盖率与竞争时的获胜率，在分析市场份额的要因时经常要用到这两个要素。市场覆盖率是指，当商品的目标顾客群体为100%时，自己公司通过促销活动和销售活动，与顾客取得联系的比率。而获胜率则指的是自己公司与竞争对手进行竞争时，凭借自身的综合实力（商品力、销售能力等）战胜对方的概率。

　　如果是在一般的零售渠道销售的批量生产型商品，覆盖率就是零售渠道的覆盖率，获胜率与自己公司覆盖的零售店的平均店内份额相近。

　　而对于上门推销（包括向企业推销或业务渠道销售）和网络销售等直接销售商品来说，市场份额和上述的定义一样，就是与顾客取得联系的比率，获胜率则是顾客的最终成交率。

　　如果是覆盖几乎所有零售店铺的批量生产型的常见商品，因为自己公司与竞争对手的覆盖率都接近100%，那么胜率（店内份额）＝市场份额，所以根据市场份额分析要因就没什么意义了，但是对于一对一型的直接销售来说，必须搞清楚市场份额低下的原因究竟是市场股概率不够还是获胜率较低，因为针对不同的原因，所要采取的对策和经营资源的分配也会有很大不同，所以将市场份额分析作为基本分析就显得尤为重要。

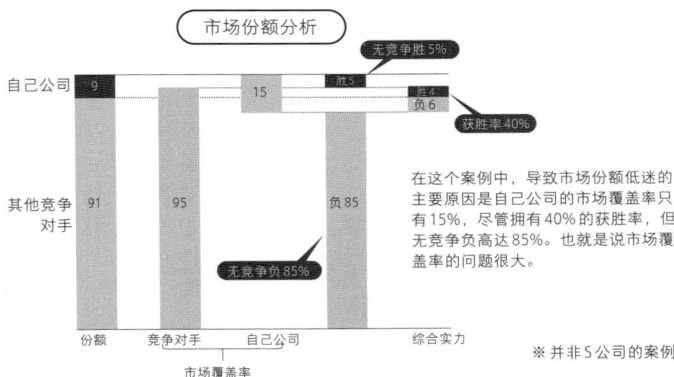

市场份额分析

在这个案例中，导致市场份额低迷的主要原因是自己公司的市场覆盖率只有15%，尽管拥有40%的获胜率，但无竞争负高达85%。也就是说市场覆盖率的问题很大。

※ 并非S公司的案例

类似这种销售组织上的问题，通过创建一个全新的销售组织就可以解决。这种方法看起来非常简单，而且很有效率。但实际上创建新组织的时机很难把握。有时候即便事业处于衰退状态，但如果该组织还属于销售基础组织的话，一旦无法在短时间内建立起新的渠道，那无异于是自杀行为。

（3）设定事业课题

正如我在第一章中介绍过的那样，S公司聘请我担任总经理（管理会议成员兼事业开发本部长）解决上述的问题，我为了解决这些问题，首先设定了3个事业课题（图4-5）。

图4-5 S公司的事业课题

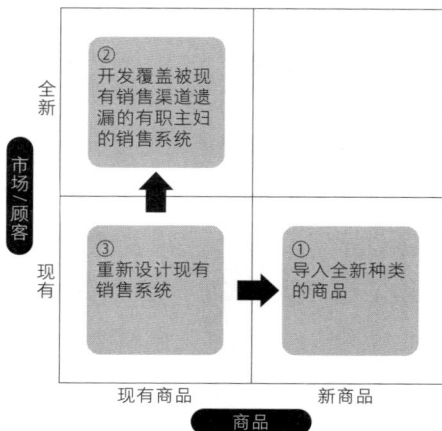

❶ 右下的象限：是否能够给现有顾客（同一个池子的同一群鱼）提供全新种类的商品（不同的饵）。开发导入不局限于传统的塑料产品的全新商品。

❷ 左上的象限：是否能够开发面向被现有商品（同样的饵）遗漏的有职主妇（不同池子的不同鱼群）的全新销售系统（比如网络销售）。

❸ 左下的象限：是否能够对现有销售系统进行全面的改造，从而使现有商品（同样的饵）能够在同样的主妇群体中（同一个池子）覆盖更多的主妇层（同一个池子的不同鱼群）。也就是重新设计现有的销售系统。

（4）寻找解决办法的方向性

在针对设定的课题思考解决办法（假设）的时候，首先必须确定解决办法的方向性，究竟是应该继续加强企业现有的优势，还是强化弱点，或者从零开始创造一个全新的发展方向。尤其是搞清楚什么是企业的优势至关重要。搞清楚自身的优势不但可以使自己在市场和竞争关系中占得先机，更是在开创新事业时必须明确的商业铁则。

但S公司现在的情况是完全搞不清楚自身的优势究竟是什么。S公司缺少具有竞争力的商品，还沉浸在过去的畅销神话之中，一味地认为"家庭派对式的销售系统是非常好的系统""我们的商品品质直到现在仍然非常棒"，对于自己现在的优势却视而不见。S公司现在的优势是拥有大约10万人的销售网络。这个销售组织才是S公司最大的资产。但是，S公司的高层却固执地认为"我们这么优秀的商品竟然销量不佳，一定是销售人员的能力太弱"，完全没有发现凭借过去的优势建立起来的这大约10万人的销售网络才是自身现在的强项。

于是我重新定义了能够发挥这一优势的事业概念。所谓事业概念，是在定义能够创造企业利润的机制。我将S公司从一家塑料保存容器的销售和生产企业，重新定义为拥有约10万人的面对面直销网络的，能够站在顾客的立场上选择、开发，并且销售优秀商品的"市场综合型企业"（图4-6）。

这意味着S公司的事业概念发生了180度的大转变。大众市场营销很难直接接触客户，是用点连接的关系。而S公司拥有面

图4-6 "市场综合企业"的概念

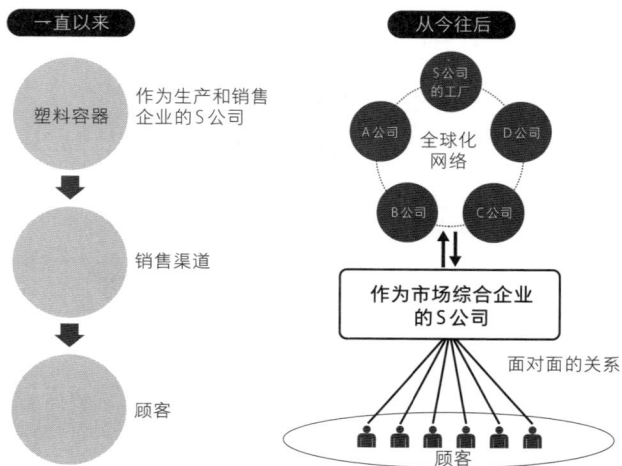

对面的直销网络，也就是说与顾客之间的关系是用线联系起来的，因此S公司能够更加迅速、准确地把握顾客的需求，并且根据顾客的需求进行商品开发和调配。从另一个角度来看，只要导入适合销售网络需求的商品，就能够建立起可以准确预测销售数量的销售系统。这对于商品与技术都十分优秀，但销售渠道比较薄弱的企业来说是非常有吸引力的渠道。

　　我将"市场综合企业"这一事业概念作为今后S公司的中长期战略的基本概念向美国总部的高层领导作了汇报，得到了高层的认可，同时今后的商品开发的方向性也得到了确认。这一销售组织的优势，在今后与各生产企业进行商品的共同开发和OEM开发时，将成为分担开发费用和降低采购成本的强大武器。

　　以"市场综合企业"的概念，通过全世界的生产企业共同开发的形式，进行商品开发的框架就这样形成了。但是，要想让这一概念成为更加坚实的基础，还必须根据时代的变化对销售系统本身进行大规模的调整。这就是事业课题设定③中提出的问题，为了使现有商品（同样的饵）能够在同样的主妇群体中（同一个池子）覆盖更多的主妇层（同一个池子的不同鱼群），必须对现在的销售系统进行全面调整。接下来，我先对重新设计现有销售系统的解决流程进行简单的说明。

（5）重新设计销售系统

　　虽然我提出了将拥有约10万名销售人员和约115万名顾客的

销售网络作为优势的"市场综合型企业"这一概念，但要想维持并扩大强大的销售网络，必须对其进行大刀阔斧的改革。

因为在这个销售网络诞生至今的30年间，发生了非常巨大的结构变化，所以必须通过"零基思考"对其进行重新设计。我采取的办法是在事业课题②中提出的，利用网络销售建立全新的销售系统，将传统的家庭派对方式销售系统遗漏掉的全职女性也变为顾客群体的方法。但仅做到这一点还远远不够。要想继续维持作为主要目标顾客群体和销售人员的专职主妇的数量，现在的销售系统已经无法胜任。

现在的销售网络结构，完全符合"20-80规则"（One Point Lesson 3）。20%生产效率高的销售人员创造了80%的销售额，剩下的80%销售人员只创造了20%的销售额。也就是说，有大约80%的销售人员都已经成为顾客。导致这一情况最本质的原因是，S公司产品的商品力相对下降，即便有高附加值，但因为与其他公司的商品有几倍乃至接近十倍的价格差，所以想卖出去非常困难。这种销售渠道的两极分化，在访问销售型的渠道中经常与商品力下降同时出现。

对于这两个不同的集团，必须采取不同的解决办法。首先要将销售人员分为20%的效率高、能力卓越的优秀销售人员，以及80%的低效率销售人员这两组。并且要充分考虑到销售额减少可能带来的风险，在此基础上减少对贡献低的销售组的利润分配，然后将由此节省出来的资金根据贡献高的销售组的贡献度进行重新分配。这样可以提高贡献度高的销售组的工作热情，增加整体销量。

我将这种重新设计后的销售系统命名为"N系统"，首先在3

个地区开展了大约半年的试运行,然后在全国范围内推广。"N 系统"通过调整资源分配来提高管理销售人员的效率,然后将变为顾客的销售人员转变为 VIP 顾客,在降低利润分配的同时,通过各种沟通工具和激励计划来提高这部分顾客的忠诚度。

但是,因为塑料保存容器属于半永久消费品,顾客一次购买之后就会暂停购买。这种情况同样存在于成为顾客的销售人员身上。如果不解决这种结构上的问题,不扩大位于销售金字塔底部的顾客群体,就无法进一步扩大销售组织。要想解决这一结构问题,除了要在新销售系统上下功夫之外,还要在商品战略上下功夫。

"Foot in the door"就是"将脚放进门里面"的意思,指的是销售人员将脚放进门里面阻止对方关门。在当今时代,光是让对方打开门就非常困难,如果对方打开了门就绝对不能错过这个机会。事实上,与维护老顾客相比,开拓新顾客需要花费十倍以上的成本和精力。

如果将商品和销售系统比作两个车轮,那么商品为了能够持续地吸引顾客,就必须是拥有定期购买性质的消费品/消耗品。

这种消费品的要素不只局限于上门推销行业,像业务用复印机和打印机等,通过定期更换墨盒和复印纸等消耗品,以及定期保养服务来维持与顾客之间的关系,从而获取利润的例子想必大家都不会感觉陌生。我在第一章中介绍过的壶型净水器"A–SLIM"的净水滤芯也需要定期更换,因此也属于消耗品的范畴。

在通过 N 系统重新设计销售系统的同时,为了使新销售系统能够取得最佳的效果,还要同时解决课题①,尽快将消费品/消耗品导入市场。

3

帕累托分析：是否存在"20-80"规则

从销售人员或代理店等销售商店到商品本身，在组成要素数量众多且各要素的贡献（生产性）能够定量化的情况下，可以将各个组成要素分成高贡献集团和低贡献集团两组，找出存在的问题点。

当然拥有接近80%（不一定是刚刚好80%）贡献度的20%的组成要素要更加重要一些，但也不能忽视剩下的生产性较低的集团的销售额。

从企业资源分配的观点来看，低贡献集团可能与高贡献集团之间存在着密切的联系（比如属于产品线的组成部分），在销售流程上扮演着重要的角色，所以有时候不能直接割舍。对于任何企业来说，如何对这两个集团进行合理的资源分配都是难以解决的课题之一，某种程度的试错也是必不可少的。

但有两点内容必须时刻牢记：一是对于高贡献集团和低贡献集团，必须采取不同的解决办法，二是对于低贡献集团，必须明确让其继续保留的基准和理由。下图是帕累托图，是按照生产性高低顺序绘制的直方图。

商品数量与销售额结构

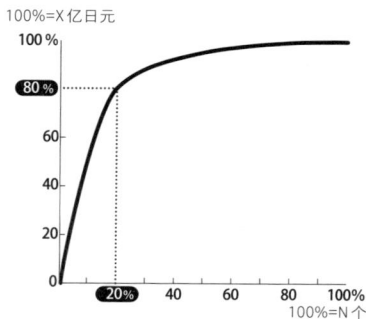

销售店铺的销售额结构

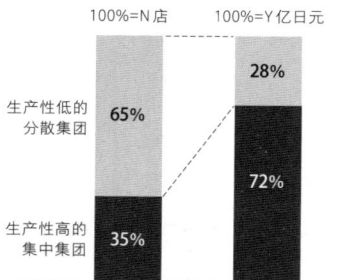

100%=X亿日元

100%=N店   100%=Y亿日元

生产性低的分散集团   65%   28%

生产性高的集中集团   35%   72%

20%   40   60   80   100%
100%=N个

2 利用"解决系统"导入新商品

（1）思考"新商品"与市场的适配度

　　作为市场综合企业应该选择怎样的新商品呢？我首先想到的是尽量利用现有的顾客群体和现有的渠道，所以新商品一定要和现有商品有一定的适配度。不过"适配"说起来简单判断起来却非常难。假设有"外卖比萨店利用现有的外卖系统又推出了外卖御好烧，是否能够提高销售额"这样一个课题。正如我在"零基思考"部分提到的那样，外卖比萨通过外卖这样一个与传统的订餐完全不同的概念，满足了消费者"自己做太麻烦，但又想吃比萨"的需求。而已经在某种程度上取得成功的外卖比萨店，可以在同一个池子里撒下不同的饵。在这种情况下出现的新产品就是外卖御好烧。有现成的顾客、现成的外卖系统、现成的店铺。店家只需要在不同季节更换菜单的时候将御好烧加入到菜单里即可。老顾客们看到新菜单一定也会很高兴的。

　　但我的回答却是NO。乍看起来御好烧似乎适配度不错，但实际上其与传统商品、顾客和系统的适配度都很差，完全无法利用这套外卖系统。专门做外卖的店铺，一般都有专门的配送人员。所以能够在配送范围内平均20分钟往返一趟。如果外卖人员的工资是每小时900日元，那么配送一次的最低成本也是300日元。这个成本必须由顾客或者外卖比萨店来承担。

御好烧在超市就能买到半成品，在家就可以做好，属于附加价值比较低的商品，顾客当然不可能承担配送费的成本。如果顾客在点了御好烧的同时也点了比萨，那么由比萨来承担这部分的配送成本。但顾客同时点御好烧和比萨的频率究竟有多高呢？

不仅附加价值不高，如果顾客不想在吃比萨的同时吃御好烧，那么御好烧就无法和比萨一起捆绑销售，也就无法降低配送成本。也就是说，御好烧是不适合外卖系统的商品。

其实仅此一点就足以成为否定要素，如果再进一步思考，就会发现做御好烧的设备与做比萨的设备完全不同，也就是说外卖比萨店如果想制作御好烧需要准备另外一套生产设备和生产材料。这就涉及更多的设备投资和成本投入。

综上所述，御好烧与现有的商品、顾客、系统的"适配度"都很差。因此，要想利用现有的外卖系统，就需要开发像比萨那样"自己做太麻烦，但又很想吃"的具有高附加值的第二主力商品，或者开发顾客点比萨的时候搭配购买的沙拉和甜品等不必花费太多时间和精力就能够制作完成的商品。

在以现有的顾客和现有的渠道为基础决定想要销售的新商品

时，必须将商品、顾客和系统作为一个整体来考虑适配度。

（2）不要把销售渠道变成"街边的杂货店"

当事业发展一段时间之后，就容易忘记应该将商品、顾客以及系统整合到一起。尽管最大限度发挥自身的优势是商业活动的铁则，但很多企业都很容易犯的一个错误就是将作为硬件的销售系统的一部分看成是自己企业的优势。

以外卖比萨为例，外卖系统确实是一个很强大的销售系统，如果只从硬件的角度来看，除了比萨之外，御好烧、冰激凌、咖啡豆，甚至甜点都可以应用这套系统，但像这种什么都卖的店铺应该叫什么才好呢？这样做可能在短时间内销量会有所提升，却很难给消费者留下深刻的印象，等新鲜劲过了也就没有顾客上门了。可是店铺在采购、库存管理以及顾客服务上的投入却会大幅增加，最终的结果是销售额与利润都没有得到提高。

事实上，这种现象存在于任何形态的销售渠道之中，我将其称为"街边的杂货店"现象。当企业将商品、顾客以及系统整合到一起之后，准备向下一个阶段发展时经常会遇到这样的问题。这种失败绝大多数是由于目光短浅导致的。原本销售健康饮品和冷冻食品的营业员，忽然开始卖起了化妆品。化妆品推销员却开始销售保健品。这就像街边的杂货店，虽然销售的商品五花八门，但却逐渐失去了自身的特征。如果不仔细思考，就会出现和面包店开始销售家庭用面包机一样的闹剧。不想让自己的销售渠道变成"街边的杂货店",那就必须将商品、顾客和销售系统的特征看成是一个整体,然后再仔细思考。

在牢记上述内容的基础上,我才开始导入与第三方共同开发(比如和H公司共同开发的壶型净水器)和代工的新商品。

(3)把握生产新商品的流程

接下来让我们看一看选择与商品、顾客、销售系统都"适配度"良好的新商品的流程(图4-7)。

步骤①:与顾客的适配度

因为S公司的顾客群体是20～30岁左右、对健康的关注度比较高的主妇,所以我首先用"逻辑树"列出来的是这些家庭中

图4-7　选择商品的步骤

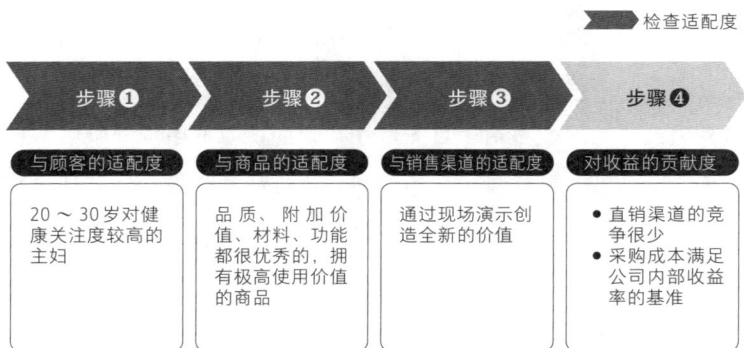

检查适配度

步骤❶	步骤❷	步骤❸	步骤❹
与顾客的适配度	与商品的适配度	与销售渠道的适配度	对收益的贡献度
20～30岁对健康关注度较高的主妇	品质、附加价值、材料、功能都很优秀的,拥有极高使用价值的商品	通过现场演示创造全新的价值	● 直销渠道的竞争很少 ● 采购成本满足公司内部收益率的基准

平均拥有的几百或上千件商品。包括家具、床品、家电产品、炊具、餐具、食物、衣物、书籍、汽车用品、户外用品等所有的商品。然后从这些商品中，选出主妇关注度比较高，而且主妇能够自主决定是否购买的商品。

步骤②：与商品的适配度

与商品相关的基准是高品质与高附加价值。也就是说，不能是在任何一家超市和折扣店都能轻易买到的毫无特征的商品，即便是同一种类的商品，也必须是材料和功能都很优秀，拥有极高使用价值的商品。当然，这并不意味着从一开始就要选择高级商品或者名牌商品。比如在百货商店和超市的日用杂货区，经常能看到有促销员进行商品演示。这些商品摆在货架上的时候并没有什么特别之处，而一旦开始进行商品演示便立刻会吸引很多人的目光。像这种高品质但需要说明的商品，如果是国产品牌，最好选择几乎不为人知的商品。因为渠道一旦发生冲突就很容易引发价格竞争。所以最好选择全新的商品，或者从海外进口商品。

步骤③：与销售渠道的适配度

S公司的销售方式，是由30～40岁的主妇来演示商品如何使用，直接将商品的使用方法和使用价值传达给消费者。如果商品演示不能创造出全新的附加价值，那么由此产生的成本就不能转化到价格上。对于这种主妇与主妇之间面对面的销售方式来说，商品最好有一定的故事性，便于口口相传，而且能够持续销售。另外，还要排除会出现销售时和销售后的技术问题等后期处理起来较难的产品。

步骤④：对收益的贡献度

最后一个基准就是销售额和收益的贡献度。如果能够满足步骤①～③的全部基准，那么销售额方面应该没有问题，但收益方面则需要从竞争对手和采购成本的角度来检查。关于竞争对手，S公司必须了解和自己采取同样销售方式的企业的商品构成和价格，以及开发动向，避免正面竞争。关于采购成本，最基本的思考方法是先搞清楚自己公司的必须成本和利润，然后再决定价格的方法，所以如果采购成本太高的话，就势必要提高商品的定价，这样很有可能会导致商品滞销。也就是说，要想保持价格竞争力，就必须尽可能地降低采购成本。

另外，为了在最大限度上自主设定价格，最好导入能够实现垄断销售的特殊商品。

按照上述步骤，首先需要设定商品的领域。我选择了4个品类的商品作为短期目标。然后利用"MECE"和"逻辑树"筛选列表中的内容。最后在每个品类中挑选出最合适的商品，开始具体的交涉。

比如开发壶型净水器A-SLIM，以及在日本虽然认知度不高，口碑却很好的瑞士产的手持食品加工机的代工生产等，不断将能够具体实现的产品作为商品推出。

在选择商品的过程中，最大的课题就是分析消费品／消耗品。比如虽然有 A-SLIM 的净水滤芯这类消耗品，但必须要推出能够作为 N 系统的亮点的消费品／消耗品。

接下来我将以洗剂为例进行更加详细的说明。

（4）最初的假设是"NO GO"

家庭清洁用品是每个家庭都必不可少的消耗品，因此这一品类在最初也被我列为消费品／消耗品的备选对象之一。但是这一种类的开发顺序却是最靠后的。因为进入清洁用品市场的门槛并不低。特别是在这一市场中还有安利这个通过洗剂打下坚实基础的强大的竞争对手。

因此，在经营会议上讨论商品种类并达成一致后，我想要积极包装的商品是以瑞士产的手持食品加工机为首的具有高附加价值的各类厨房工具。此外我还和法国的红茶生产企业合作开发了S 公司自己的红茶品牌，并且推出了原创的红茶用容器套组和日本茶容器套组。除此之外还有干制食品，以及和日本大型玩具生产企业共同开发的益智玩具等。

后来公司高层问我"清洁用品开发得怎么样了"的时候，我当场给出的结论（假设）就是"NO GO"（图 4-8）。不用调查，用 3C 框架分析日本的洗剂市场就可以发现，这已经是一个成熟的市场。从竞争对手的角度来看，这已经是一个被花王、

图4-8 第一次的假设

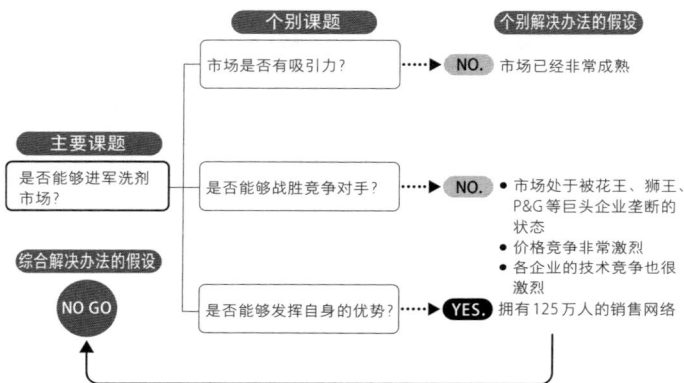

狮王、P&G等巨头企业占领的寡头垄断市场。不仅如此，这些企业在技术开发上展开竞争的同时，在超市和商场展开的价格竞争也已经成为常态，已经拥有能够吸引客户的明星产品。而考虑到S公司自身的情况，即便能够生产出洗剂用的容器，但对生产洗剂的技术却一无所知。可以说充满了自身无法控制的否定要素。

但这只是初期的假设，必须对其进行验证。因为其他商品的开发也已经告一段落，于是我命令部下收集相关信息，自己也去超市和商场里进行实地考察。结果不出我的预料，将部下收集到的信息综合起来分析后只能得出NO的结论。

我在实地考察后发现，虽然超市的货架上摆满了知名企业的商品，但并不全是特价商品。以600ml的标准装厨房用洗剂为例，既有100日元一瓶的特价合成洗剂，也有400日元一瓶的液体皂，价格的区间非常大。既然这些商品被摆在货架上，就说明确实有消费者购买，由此可见在洗剂领域仍然有利基市场存在。对S公司来说，如果能够生产出有故事性的商品，反而可以利用销售人员现场演示的优势。

（5）从调查开始建立假设

不管是成熟市场还是寡头垄断市场，只要经营环境不断变化就一定存在商业机会。因为市场中存在着各种各样的消费者，只要满足消费者的需求，并且摆在货架上得到消费者的认知，那么这种商品就一定能够卖出去。即便是看起来很奇葩的商品，真正想要的人也一样会花钱购买的。但是，以这样的消费者作为目标顾客的企业在包装商品时，从企业的角度来看这只不过是判断能否作为商业活动的点。

在设定了"是否能够进军洗剂市场"这一积极的课题之后，我找了许多家庭主妇和洗剂方面的专家，听取他们的意见。

正如我在"零基思考"中说过的那样，如果能够明确定义整体集合的话，那么只要找到否定要素就可以全盘否定。但在实际的商业活动现场，初期很难准确地把握整体集合。在这种情况下建立假设虽然非常重要，但也会因为视野范围比较狭窄就认为否定要素看起来非常明显，从而错失解决对策。从这个意义上来说，在解决从认为"或许存在解决办法"的"零基思考"出发的积极课题，以及设定消极的课题时，应该选择积极课题并找出解决办法，这样做获得成功的可能性要更大。

这也可以说是评论家与解决问题者之间的决定性差异。评论家往往喜欢在非常狭窄的思维框架中讨论事物，而解决问题者则会尽可能地扩大框架去寻找解决办法。尽管这样做需要耗费巨大的时间和精力，但解决问题者必须要解决问题。在设定课题的时候，"零基思考"尤为重要。要想用自己的想法简单地把握市场情况，必须要回归消费者的原点。而这种程度的调查需要负责人自己去完成（One Point Lesson 4）。

首先是对主妇群体的访问。为了尽量做到"MECE"，我将这个群体分为自己公司的顾客主妇与其他主妇、年轻主妇与年长主妇、使用合成洗剂的主妇与其他主妇。

经过与她们的交流之后我发现，主妇对洗剂的使用方法和选择方法千差万别。有的主妇喜欢价格便宜、去污力强的，有的主妇因为皮肤比较敏感不能用合成洗剂，所以就算价格比较高也要选择液体皂。而在购买渠道方面，除了去超市和商场之类的店铺直接购买之外，还有网购和通过上门推销购买。

同时我还咨询了专家的意见。通过与专家交流，不但可以了解到技术发展、消费者以及欧美的发展趋势等宏观内容，还能够把握生产企业的开发动向等微观内容，对于整体把握市场结构非常有帮助。我咨询的这位专家是一家大型洗剂生产企业的开发顾问，非常了解欧美的开发动向和消费者动向，他认为"以成分为切入点看洗剂市场，日本合成洗剂市场处于被巨头企业独占的状态，新企业想进入非常困难。但是欧美的消费者团

4

解决问题的采访技巧

尽管根据具体情况有时候需要委托专业人士做分组采访或问卷调查，但亲自完成个别采访在解决问题的各个阶段都是非常重要的。在解决系统的各个阶段应该以怎样的目的开展怎样的采访，如下图所示。

要想进行采访必须有调查对象，调查对象不可能重复回答相同的问题，所以事先准备十分重要。如果准备不够充分，可能会使调查偏离目标，或者没能获取必要的信息，甚至引起对方的不快，结果导致自身企业的形象受损。因此，必须事先收集除采访能够获得的信息并做好准备，整理采访的具体目的，制作详细的提问列表并仔细思考其中内容。有时候还可以事先做一下测试。

在采访时必须注意的一点就是要让调查对象知道你采访的理由。如果对方不知道你的具体目的，那么他们只能提供表面上的意见，导致难得的调查机会只能以闲聊告终。

以解决问题为目的的采访，必须在明确目的的前提下，实现选择合适的调查对象然后再予以实施。而在调查结束之后，最好在当天整理好获得的信息（SO WHAT？）。

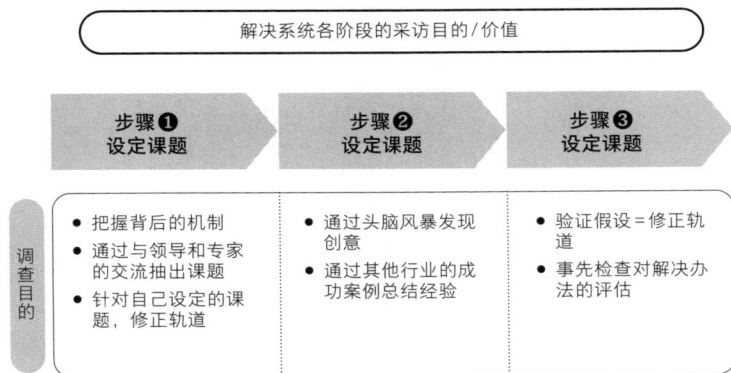

	解决系统各阶段的采访目的/价值	
步骤❶ 设定课题	**步骤❷** 设定课题	**步骤❸** 设定课题
调查目的	• 把握背后的机制 • 通过与领导和专家的交流抽出课题 • 针对自己设定的课题，修正轨道	• 通过头脑风暴发现创意 • 通过其他行业的成功案例总结经验	• 验证假设＝修正轨道 • 事先检查对解决办法的评估

体正在和生产企业合作开发对环境和人体影响都很少的环保商品。日本虽然也打着环保商品的旗号宣传，但实际上全都是合成洗剂"。

　　由此可见，洗剂市场仍然存在利基，而且消费者的结构似乎也有变化。这样就可以避开在合成洗剂领域的竞争，提出主要面向皮肤敏感的主妇和健康与环保意识较强的主妇的洗剂这一假设。

（6）第二次的假设变成了"GO"

　　我让部下去购买市面上所有厂家的所有种类（洗涤用、厨房用、家用等）洗剂，同时我也迅速建立了"解决系统"。课题当然是"是否能够进军洗剂市场"。通过3C框架进行分析，做出"GO"或者"NO GO"的综合判断，如果判断结果是"GO"，那就必须提出具体的解决办法和方向性。

　　在经过采访和实地调查零售店后，假设会发生怎样的变化呢？让我们比较一下两个假设。在第二次的假设（图4-9）设定中我最关心的部分是以健康为卖点，对环境影响较小的环保商品，以及愿意购买这种商品的消费者究竟占多少比例，是否有十分之一。

　　首先是市场（Customer）。

　　市场分析的关键在于"即将进军的市场是否属于有成长空间的利基市场""是否有能够获得附加价值的领域"等个别课题。

图4-9 第二次的假设

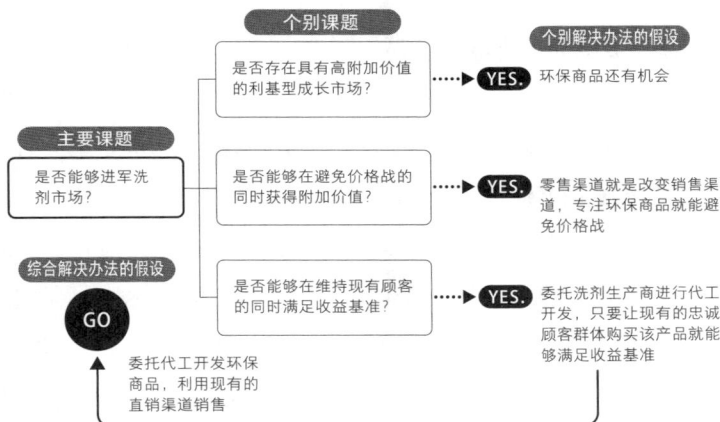

個別課題

是否存在具有高附加价值的利基型成长市场？ ┄┄▶ **YES.** 环保商品还有机会

主要课题

是否能够进军洗剂市场？

是否能够在避免价格战的同时获得附加价值？ ┄┄▶ **YES.** 零售渠道就是改变销售渠道，专注环保商品就能避免价格战

综合解决办法的假设

GO

委托代工开发环保商品，利用现有的直销渠道销售

個別解決办法的假设

是否能够在维持现有顾客的同时满足收益基准？ ┄┄▶ **YES.** 委托洗剂生产商进行代工开发，只要让现有的忠诚顾客群购买该产品就能够满足收益基准

　　在第一次假设中，我只考虑了市场整体的规模和成长性，这次我进行了更加细致的划分。上述个别课题的假设是，尽管洗剂市场整体已经成熟，但在环保商品这一种类还存在利基市场，具有一定程度的成长空间。而且在主妇群体中，很多人对健康和环境的关注度越来越高，也很容易接受这一品类的环保商品。

　　其次是竞争对手（Competitor）。在第一次假设中，我的目光只集中在销售合成洗剂的大型企业之间的剧烈竞争上。但这次我将思考的重点放在是否能够避免价格竞争，以及仅凭环保这个特点在商品上能够实现多大程度的差异化。上述个别课题的假设是，利用网络销售和上门推销等特殊销售渠道可以在一定程度上避免价格竞争。而且环保洗剂的市场还很小，对大型企业来说尚未达到值得进军的规模。

最后是公司本身（Company）。与自己公司相关的要素有三个。第一个是"是否拥有单独开发的能力"。第二个是"是否能够让忠诚度较高的顾客购买该产品"。第三个是"是否能够满足最低的收益条件"。上述个别课题的假设是，凭借自身的技术实力能够生产外包装，但里面的液体/粉末需要和洗剂生产企业共同开发。只要拥有明确的商品概念，完全可以将顾客从竞争对手处争夺回来。而关于收益性，这样做则能够确保最低利润率。

从整体的角度判断上述个别解决办法的假设后，综合解决办法是"GO，环保洗剂存在商业机会"。第二次假设中的个别解决办法的假设与第一次的假设相比更加积极，更加聚焦于课题。如果感觉其中存在"GO"的要素，不妨大胆地做出积极的假设。这样就算最后得出的结论是NO，也能够防止出现大的遗漏。

（7）信息的收集与分析

接下来的阶段就是验证个别解决办法的假设。因为要收集和分析每一个假设的相关信息，所以必须找到最有效率的分析方法。然而无论是生产企业还是销售、服务企业，其内部人员信息收集与分析的能力都相差悬殊。

第一，很多人分不清收集信息与分析信息之间的区别。我让部下提出假设并做出分析，结果他只是复制粘贴了收集到的信息，还特意用电脑调整了格式，然后交给我说"分析完了"。如果以"假说思考"章节中提到过的案例来做比喻，那就是收集了"体重增加了"的相关信息，然后调整了一下格式，最后告诉我"经过分析发现体重果然增加了"。这种人完全没有自己的想法，只是一个处理数据的机器。

　　所谓分析，指的是针对建立起的假设，解读事实最后得出结论（SO WHAT？），而非单纯地罗列事实。根据"体重增加了"这一事实，得出"如果继续胖下去可能会对身体造成不好的影响"的结论，这样才是分析。

　　这种只是单纯罗列信息的做法是比能力不足更严重的问题。因为当事人毫无自觉地一直在没有假设的情况下收集信息。尽管企业的企划部门和调查部门拥有庞大的信息量，却并没有发挥出应有的作用，就是因为在没有假设的情况下就先收集了信息，结果导致企业和部门的假设被淹没在海量的信息之中（One Point Lesson 5）。

　　而我在工作中一直坚持以收集到的每一条信息为基础，怎样加工数字，制作成怎样的表格，可以获得怎样的结论（=SO WHAT，所以呢？）这样的训练。

　　第二，随着信息网络的发展，能够获取信息的范围越来越大，这很容易使人产生错觉。现在不管是获取信息的范围还是速度都比之前得到了大幅的提高，即便在家中也能够通过互联网立刻获取到国内外的信息。浏览一个企业的官方网站的话，我们就会发现企业对于官方网站的定位相当不明确，官网是企业宣传的平台还是促销媒体？并且也没有合理地管理信息，在官网上可以简单获取大量的企业信息。但是，必须注意两个问题。一个是像个人信息那样优质的信息越来越难以获得，另一个是在难以确定信息来源的同时，还存在很多用来混淆视听的虚假信息。

在这样的信息环境中，委托方会产生世上不存在无法获取的信息这样的错觉，而另一方面，被委托方则很容易将信息太多谁也无法全部获取当作借口。

然而，这既不是"MECE"，也不是"零基思考"，更不是"假说思考"。在收集信息时，认为想要获取的信息一定是宝贵的信息、有价值的信息，而且能够自己创造世间尚不存在的信息，这是最基本的态度。在商业活动之中，以假设（当前时间点的结论）为基础展开行动尤为重要，所以如果没有合适的信息，就应该想尽一切办法创造信息。当然这并不意味着可以随意地捏造数据。而是说应该在获得的信息的基础上，以积极的态度去证明假设，当信息不足的时候不能轻言放弃，而应该提出"我有这样的推测"。

即便以"MECE"的方式进行分类，信息来源也只有搜索网站、图书馆、数据库等信息库，专家或者企业本身以及渠道和用户等，可以说并不多。关键在于获取信息的方法。比如从渠道和用户处获得的信息，可以根据分析的步骤和重要度，采取个别采访、分组采访、定量化分析等不同的方法。

5

是否在分析中加入了自主思考这一附加价值？

　　曾经有人预言说随着数字化的发展，印刷用纸的需求将大大减少，但实际情况却完全相反。不如说纸张的需求变动和经济情况有很大的关系。在这样的情况下，办公室中的纸张资料不但没有减少，看似厚厚一沓但实则内容空洞的PPT还有泛滥成灾的趋势。有不少领导将这种现象称为"PPT综合征"，甚至厌恶使用电脑制作成资料和演讲。

　　问题究竟出在哪里呢？

　　尽管每个人都知道毫无意义，却还是会复制粘贴收集到的信息，并调整格式。如果在会议中使用这样的资料，那么宝贵的时间都将浪费在毫无意义的说明上，而讨论也将浮于形式，难以解决问题。

　　以下是最典型的NG分析案例。

　　①单纯地罗列收集到的信息

　　②只是复制粘贴信息，陈述信息的内容

　　③只提供对自己的结论有利的信息

　　这些并不能称为分析。针对当前直面的信息，经过自己的思考后，深入挖掘"WHY？"，在"SO WHAT？"阶段获得了何种程度的重要信息？完全没有自主思考这一具有附加价值的分析，并不是真正意义上的分析。

　　你对下图有什么看法？对于打算进军共享汽车市场的企业来说，这是一个好消息吗？

共享汽车 超过5成的人"想尝试"

共享汽车的使用意向

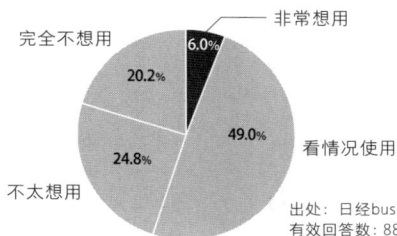

完全不想用　　　　　　非常想用

20.2%　　6.0%

24.8%　　49.0%

不太想用　　　　看情况使用

出处：日经business 2008年10月13日号，
有效回答数：887

（8）用3C（市场/竞争对手/公司本身）分析

市场（Customer）分析

首先，我通过搜索网站上的文章和日本天然洗剂工业会的资料，了解近年来洗剂市场的发展和规模，家用合成洗剂和液体香皂，还有洗涤用、厨房用、家用的洗剂的区别等。在把握市场整体动向的时候，应该将整体和每种类别的内容制作成图表。因为这样可以检查数据是否存在重复或遗漏。

将工业会提供的出货金额换算成终端消费者的购买金额，可以推算出洗剂市场的整体规模接近7000亿日元。从成长性上来看每年有4%的微增长。按照用途区分，洗涤用、厨房用、家用所占的市场规模分别为60%、20%、10%。此外，合成洗剂占洗剂市场的97%以上，液体香皂则只有不到3%，也就是170亿日元左右的规模，成长也非常缓慢。如果单纯地分析这个数据，那么针对环保洗剂领域的结论则是"超利基但没有发展的市场"。

但是，如果进行更加深入的调查就会发现一些有趣的事实。这些事实虽然难以定量化但却非常关键。首先，最近几年合成洗剂的生产企业都开始生产和宣传对肌肤和健康损伤较小的合成洗剂。其次，有事实证明，东京湾的污染原因70%是由家庭污水导致的，而家庭污水中有50%都是厨房和洗涤废水（图4-10）。此外，还有一个事实就是，有90%以上的主妇对环境保护都非常重视。

对比液体肥皂与合成洗剂的性能后可以发现，液体肥皂在去

图4-10 东京湾的污染原因（1990年）

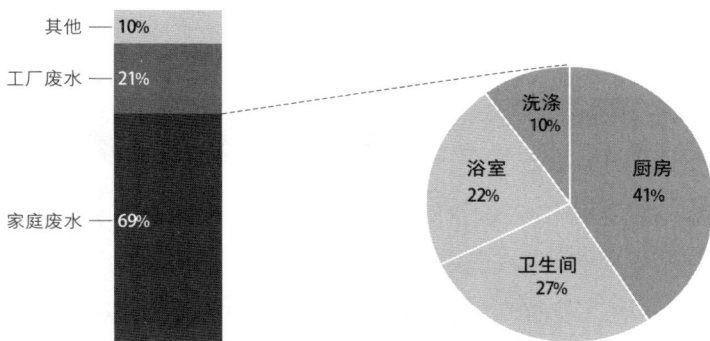

资料：环境省（原环境厅）

污力和使用感等方面都处于劣势。但从"可降解性"①的角度来看，液体肥皂的可降解性极高。而且降解速度也很快，对环境的影响非常小（图4-11）。

像这样将包括定性数据在内的事实全都集中起来，思考其中的意义，就会发现即便以技术和产品为切入点这种做法存在不足，但仍然可以抓住消费者对"环保"的需求。从这个意义上来说，洗剂产品与市场的切入点之间存在着结构上的偏差。因此，生产合成洗剂的大型企业才拼命地将自己的产品美化成"对环境无害"的环保产品。

我在对市场进行调查后做出了肯定的结论。洗剂的市场规模

---

① 可降解性指的是物体分解回归自然的性质。最近出于环保的考虑，很多可降解材质被开发出来，比如可降解塑料袋。

图4-11 洗剂特性比较

家庭用洗剂		去污力	润滑感	对肌肤的影响	可降解性※1	臭味	水质选择	浮渣※2
	液体肥皂	△	△	○	◎	△	✕※3（不适合硬水）	△
	合成洗剂	○	○	△	△	○	○	○

※1：自然分解的速度
※2：香皂的特性之一，与金属离子发生反应会产生不溶性油
※3：日本的水基本是软水

从高到低分别是洗涤用、厨房用、家用。但根据CS·CE调查（One Point Lesson 6）的结果，发现在"对肌肤影响较小"和"对环境影响较小"这两个项目上，虽然CE（期待值）很高但CS（满意度）很低，存在巨大的偏差，再考虑到S公司的商品与用户之间的适配度，我将厨房用作为第一选择，其次是洗涤用、居室用。

　　CS·CE调查的主要目的是快速验证假设，所以无须调查得过于细致，可以将消费者针对正在使用的洗剂的满意度与今后对洗剂的期待元素大致分为：①去污力；②价格；③对肌肤的影响；④对环境的影响；⑤成分；⑥包装设计；⑦大小／容量；⑧品牌印象；等。只对其中的重要项目做进一步的细分并进行调查。调查

6

CS·CE分析：如何提高对顾客的价值？

　　CS·CE分析是对"顾客价值"进行具体分析，并将其反映在战略上的定量分析方法。对于提出顾客第一的理念但却完全没有实践过的企业来说，这是最值得尝试的分析方法。这种分析方法可以将自己公司的商品和服务的各项目现在的CS（顾客满意度）和将来的CE（顾客期待度）与竞争对手的产品进行比较，将结果显示在2×2的矩阵之中，帮助公司的管理层决定解决办法的优先顺序。比如自己公司的商品位于右下的象限中，属于CE（将来的期待度）较高但CS（现在的满意度）较低的商品，那么如果不尽快对商品做出改善就很容易失去现有的顾客。这是在商品开发和提高服务体制竞争力上非常重要的分析方法。

顾客价值与CS·CE

商品、服务的CS·CE

CS= Customer Satisfaction（顾客满意度）
CE= Customer Expectation（顾客期望度）
EVC= Economic Value to Customer（对顾客来说的经济价值）

对象可以为愿意尝试新产品的销售代理店（分销商）的用户。

竞争对手（Competitor）分析

　　虽然以液体香皂为主体的环保洗剂的市场规模很小，但确实存在改变消费者购买习惯的可能性。而且通过市场分析也可以发现，大型洗剂生产企业为了应对市场的变化，企图通过美化合成洗剂的方式来解决这一问题。因为S公司的商品都具有较高的附加价值，所以分析竞争对手时的重点，就是搞清楚是否能够在避免价格竞争的前提下获取附加价值。

　　包含S社推出的都是附加价值较高的商品在内，上述的信息在分析上是十分重要的部分，也是大家分工进行实地调查而获得的。首先要调查哪些商品在哪些渠道，以怎样的价格被消费者购买等信息。我在全世界范围内从几乎所有的渠道上购买了所有洗

图4-12 不同商品/渠道的价格比较（厨房用）

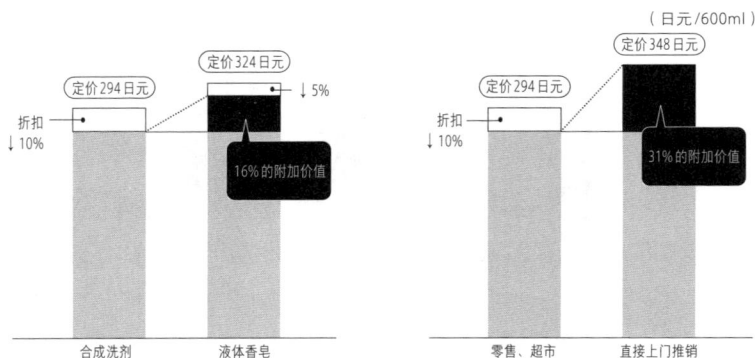

（日元/600ml）

合成洗剂：定价294日元　折扣↓10%
液体香皂：定价324日元　↓5%　16%的附加价值

零售、超市：定价294日元　折扣↓10%
直接上门推销：定价348日元　31%的附加价值

资料：大型超市、零售店实地调查

剂相关商品，堆满了整个仓库。我手下的员工们也注册了不少网络销售、上门推销和直销系统的会员，购买了大量的洗剂。

基于这些信息分析附加价值（One Point Lesson 7）后，我发现了以下有趣的内容。

因为不同洗剂的容量不同，稀释密度和一次的使用量也不同。因此我将这些条件整合成统一的标准，以600ml为标准比较了厨房用洗剂的价格，发现不同的商品和渠道存在着巨大的附加价值差异（图4-12）。对比摆在同一个货架上的合成洗剂与液体香皂后，发现液体肥皂的价格平均要高出16%。对比合成洗剂的零售渠道与直销渠道（网络销售和上门推销等），发现直销渠道的价格比零售渠道高出31%。简单来说，就是如果采用直销渠道销售液体香皂的话，就是1.16×1.31=1.52，在理论上能够获取高达52%的附加价值。

针对洗涤用和家用领域我也进行了同样的分析。结果是利用直销渠道销售环保洗剂，获取附加价值的可能性很高。

进一步调查直销渠道的市场规模发现，这一市场的规模约为600亿日元。在采用直销渠道的企业中，日本安利占据接近50%的市场份额，其他市场份额则被得斯清（DUSKIN）、Home care Japan、生协和生活俱乐部等瓜分。

公司本身（Company）分析

关于公司本身的分析有3个重点。分别是"自己公司是否能够生产产品""是否能够保证销量""是否能够获得利润"。特别

图4-13 顾客网

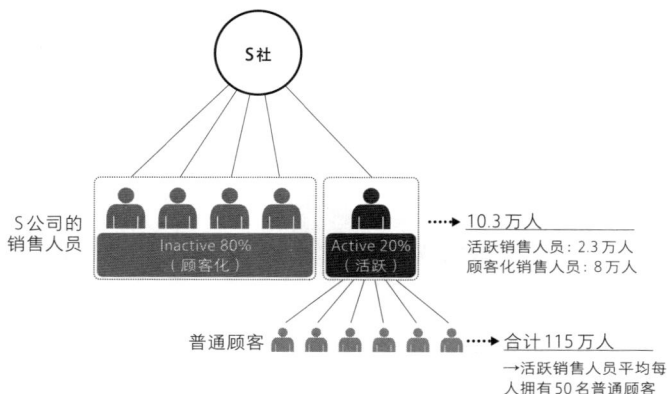

是在销量方面，虽然销量非常重要，但是也不要忘记当初的目的，即将忠诚度较高的客户转化为S公司的拥护者，这一点才是最重要的。

在这一阶段，可以先通过"假说思考"来预测厨房用洗剂的销售规模。S公司的销售组织拥有10.3万名销售人员。但根据前文中提到的20-80法则，其中20%也就是约2.3万人属于活跃的销售人员，而另外80%的约8万名销售人员已经成为顾客。假设平均每一名活跃销售人员拥有50名顾客，那么将销售人员自己也包括在内的全部用户数量大约为125万人（图4-13）。

$$全部用户数量 = 50 \times 23000 + 103000 = 1253000$$

假设其中对肌肤和环境的关注度较高，以及利用其他直销渠道的顾客群体属于比较容易争取到的顾客群体,暂且定为20%～50%。假设每户家庭每个月消耗1.5瓶每瓶250日元的600ml洗剂。那么厨房用洗剂的年销售额如下:

洗剂的年销售额=250日元×1.5瓶×12个月=4500日元/年

那么预计S公司所拥有的市场规模如下:

4500日元/年×125万户×(20%～50%)≈11～28亿日元/年

不过,考虑到商品和渠道的特性还能够增加一些附加价值,所以在此基础上增加50%,预计S公司的年销售额为17～42亿日元/年。

另外,假设家庭用户占全部家庭的70%,那么除去污粉以外的家庭用厨房洗剂的市场规模则为:

4500日元/年×4000万家庭×70%=1260亿日元

根据前文介绍的调查结果,洗剂市场总规模的7000亿日元乘以厨房用洗剂的市场规模的20%可得出1400亿日元,这个数字和1260亿日元基本一致。也就是说我们之前的推测基本准确。对于只占市场份额1%～2%的市场,大型企业没有参与的兴趣,属于利基市场。而从销售贡献度的角度来看,对S公司来说这种程度的销售额也还算说得过去。

　　再来看下一个课题"自己公司是否能够生产产品"，关于这个课题的答案是只能选择共同开发。S公司没有制作作为设备产业的洗剂工厂的想法。因为仅凭10亿～ 30亿日元的销售额完全无法承担自己投资建厂开发的成本。而关于"是否能够获得利润"这个课题，尽管通过选择商品种类和销售渠道可以获取附加价值对S公司来说是个好消息，但关于采购成本目前还没有任何的结论。对于采购成本这方面，还需要和公司的高层领导商议后设定一个标准。

7

附加价值分析：自己公司产生价值的源泉是什么？

　　附加价值分析是指，根据商业系统和价值传递系统，将从原材料采购到终端用户的附加价值细分，并分析对于顾客来说的产生价值的流程。这种分析常用于找出自己公司在附加价值上的问题。其中与竞争对手的比较尤为重要。不过，要想提高自己公司的附加价值，仅凭上下游的展开是远远不够的。在强化自己公司优势的同时，将必要的内容外包出去这种方式也越来越重要。

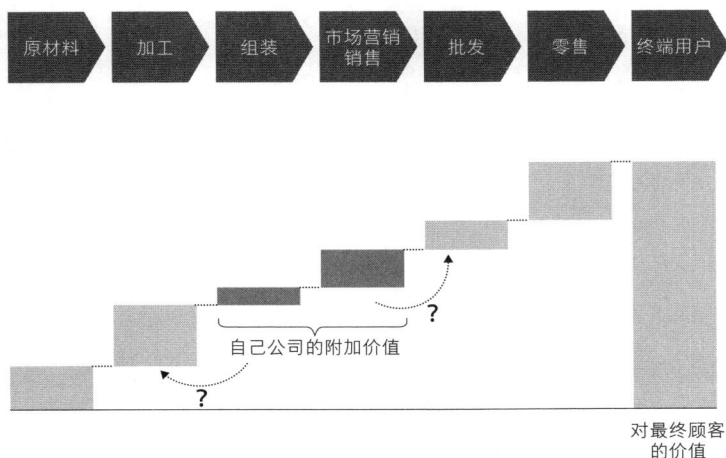

原材料　加工　组装　市场营销销售　批发　零售　终端用户

自己公司的附加价值

?

?

对最终顾客
的价值

3 执行解决办法

（1）选择合作企业

到了这一阶段，必须找到一家能够实现共同开发的洗剂生产企业，在一定程度上商谈具体内容才能继续推进。首先是将生产企业罗列出来，我做了一份日本和海外能够合作的10家洗剂生产企业的清单。

选择合作开发伙伴的条件非常简单，只有两点。第一个是我方的条件，拥有开发对肌肤和环境都影响较小的环保产品的能力。第二个是对于对方来说，能够利用S公司现有的销售渠道和品牌影响力。因此，自身拥有销售能力的大型合成洗剂生产企业被自动排除，最后清单上只剩下3家企业（包括一家海外企业）。

接下来就是立刻展开交涉。在这种情况下的交涉技巧是由上至下，也就是尽可能接触对方企业的高层。不只洗剂这个案例，我在为其他商品群寻找合作开发伙伴的时候，不管对方是否属于上市公司，也不管对方企业的规模大小，都会直接给对方公司的董事长打电话。商业活动的本质是Give and Take（给予和索取）。只要让对方明白其中的相关利益，那么任何事情都可以摆到桌面上来谈。而且无论企业大小，总经理、董事长永远是最终的决策者。

至少在商品开发的问题上，我直接接触了30多家企业的总经理，只遭到几家企业拒绝。而且被拒绝的主要原因都是对方认为在合作开发上无利可图。我之所以能够有和对方谈判的筹码，完全是因为S公司拥有2.3万人的强大销售网，以及共计125万人以上的忠实顾客。不仅在销售渠道上有压倒性的优势，甚至还具有能够积极协助新商品开发的销售公司（分销商）的合作。

在与清单上的3家企业分别接触过后，我将目标锁定在一家日本企业和一家海外企业上。最终，我选择了总部位于比利时的E公司作为合作伙伴，寻求共同开发的可能性。E公司是一家生产环保型洗剂的企业，在欧洲市场的品牌认知度极高。E公司的国际总部CEO来到日本之后明确表示，E公司的企业理念就是在将对环境的影响降到最低的同时，追求商品的品质与功能性。而且据说E公司在欧洲已经开始推行了一系列的保护自然环境的启蒙运动。我之所以选择E公司还有一个决定性的因素，那就是E公司开发出了一款商品，这款商品不仅对环境和肌肤影响都很小，并且还有不亚于合成洗剂的去污力和润滑感，兼具液体香皂与合成洗剂两者优点，并且已经推向了市场（图4-14）。接下来的问题就是探讨是否能够开发出适合日本市场，并在成本上也符合预算的商品。

图4-14 零基思考

	去污力	润滑感	对肌肤的影响	可降解性[*1]	臭味	水质选择	浮渣[*2]
液体肥皂	△	△	○	◎	△	✕[*3]（不适合硬水）	△
复合洗剂	○	○	○	○	○	○	○
合成洗剂	○	○	△	△	○	○	○

家庭用洗剂

※1：自然分解的速度
※2：香皂的特性之一，与金属离子发生反应会产生不溶性油
※3：日本的水基本都是软水

（2）站在消费者的角度审视商品

开始合作开发后，开发者首先提出的建议是对E公司的现有商品进行少许改良。或许欧美人并不在意，但日本人对鱼脂肪的味道和触感很敏感。于是开发部门制作了许多样品，我们则站在消费者的角度上对商品做出判断。同时，我们也委托了外部的专家对商品进行评估。最后，符合我们期待的产品终于完成了。接下来，为了说服高层领导，同时也是为了调查之前的市场分析中遗漏的其他商品的使用状况，以及性价比等相关内容，我们随机找了120名消费者，让他们进行了为期一个月的清洁膏和厨房用液体洗剂两种产品的家庭试用。

试用的结果表明，与他们现在使用的商品相比，对试用品在

去污力、润滑感和气味上都没有任何不良反应。反而有些之前必须戴塑胶手套防止过敏的主妇，在使用试用品时，即便不戴手套肌肤也不会出现过敏的情况。这种加入由60%天然植物性油脂精制而成的优质表面活性剂的"复合洗剂"，全面消除了传统液体香皂的缺点。

当然，非敏感性肌肤的主妇不关心洗剂对肌肤是否有影响，所以并不觉得新洗剂和之前使用的洗剂有什么区别。但是，皮肤敏感的人一直在寻找不会刺激皮肤的洗剂，这也是不能忽视的现实。

商品品质上的问题已经得到解决，接下来就要思考如何设定价格。在对复合洗剂的成分和内容不断改良的过程中，技术人员们不断提高材料的品质，这就导致成本不断上涨。因为价格与品质之间存在着互相矛盾的部分，所以想在控制成本的同时提高品质是非常困难的事情。这是永远摆在技术人员面前的一道难题。虽然只是对120名消费者开展的小规模调查，但如果消费者普遍认为价格偏高，那么产品的发展前景也不会十分乐观（One Point Lesson 8）。

结果，有大约50%的主妇表示愿意支付400日元购买这种商品的600ml装（图4-15）。在超市销售的合成洗剂普遍在200日元以下，液体香皂类的洗剂也只有300日元左右的情况下，这个结果可以说比较令人满意。

另外，对一款商品来说，既然以对人类和自然的影响作为最优先的考量标准，那么就不必强求让所有消费者都接受。毕竟在

图4-15　"愿意用多少钱购买对肌肤和环境影响较小的厨房用洗剂？"

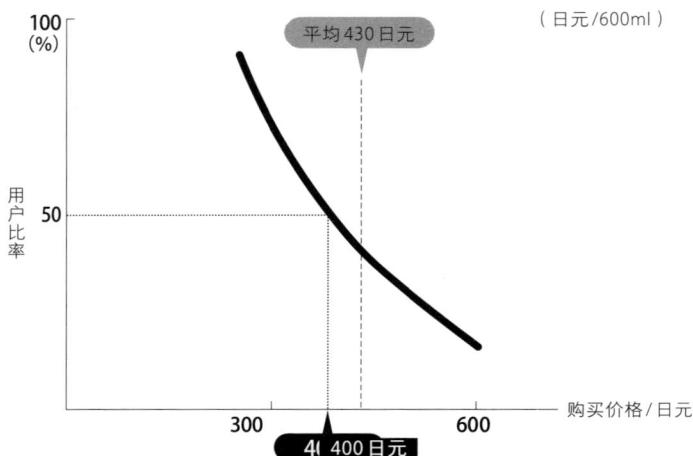

市场和现有商品出现偏差的时候，就已经满足了在利基市场里通过正面进攻的方式推出新商品的条件。

更进一步分析现在市面上流通商品的购买渠道（图4-16），发现购买液体香皂与合成洗剂等对肌肤影响较小的商品的消费者约为30%。而通过直销渠道购买的消费者在40%以上，也就是说只要设定合理的价格，新商品一定能够在市场中占据一席之地。于是我又一次推测了销售额。假设600ml装的零售价格为350日元，每户家庭平均每月消费1.5瓶，那么年销售额如下：

洗剂的年销售额=350日元×1.5瓶×12个月=6300日元/年

图4-16 S公司顾客的洗剂使用情况（100%=120人）

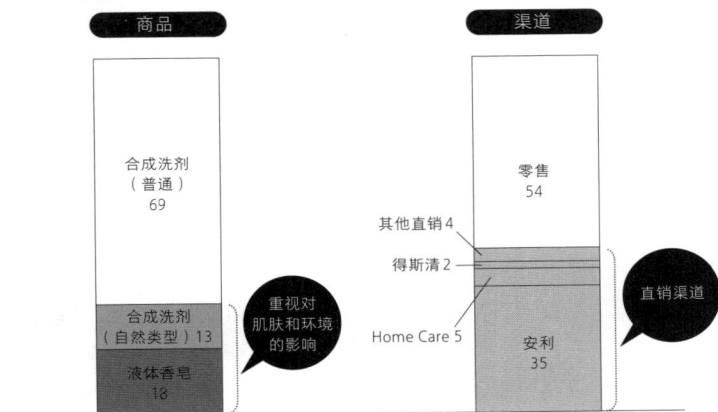

通过调查性价比得知，如果定价为350日元的话将会有70%的主妇选择购买，如果将这个数字作为上限，那么最多可以获得70%的顾客。根据商品试用的调查，现在液体香皂和改良型合成洗剂的使用率为约30%，预计其中有大约一半皮肤敏感的主妇肯定会选择新商品，即最少也有15%。那么S公司的市场规模如下：

$$6300 日元/年 \times 125 万户 \times （15\% \sim 70\%） \approx 12 \sim 55 亿日元/年$$

由此可见最少也有10亿日元左右的市场规模。这个数字是非常可靠的。因为S公司的销售渠道是与顾客面对面的直接销售，所以能够进行准确度极高的预测。

8

价格分析："价格弹性曲线"与"标记法"

　　在决定价格之前，除了要分析价格变化与需求之间的关系，还要考虑到与竞争对手之间的关系，以及市场份额和自己公司的收益性。价格与需求的关系一般情况下与价格弹性曲线很接近。如下图所示，在高价格区间中，价格变化对需求的影响很小，但在低价格区间中，价格的变化对需求的影响则很大。另外，价格弹性值 λ 越大，说明该商品越普及，价格变化对需求的影响也就越大。

　　还有一个定价方法就是标记法，在考虑各项成本和保证利润的基础上设定价格。

　　一般情况下，价格都是根据性价比等预估的价格弹性曲线设定的。然后在充分分析市场份额、销量以及利润等内容后再做出最终的决定。总之价格基本上都是综合上述思考方法的组合决定的。

价格弹性曲线	标记法

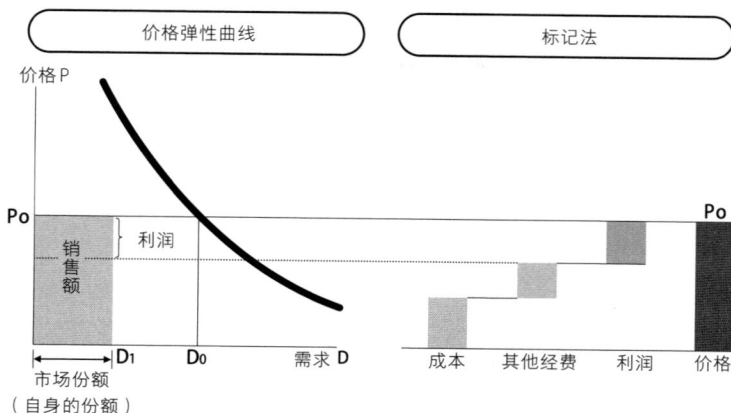

$$D = C \times \frac{1}{P^{\lambda}} \text{（价格弹性值）}$$
（需求）（定数）（价格）

（3）通往"GO"的路上遇到了阻碍

经过不懈的努力，我们制作出了最终的样品，也在经营会议上进行了充分的讨论，终于可以和开发伙伴E公司一起走向最终的舞台。E公司在合作开发的过程中按照我方的要求对产品做出了反复的修改，无偿提供家庭试用的样品，还与第三方机构合作测试产品的成分与性能，可以说付出了巨大的努力。

但是，就在距离成功只有一步之遥的时候，却发生了一个非常严重的问题。S公司的日本总经理一脸惊愕地跑到我的跟前对我说："美国总部的CEO要求停止洗剂开发。"除了日本之外，其他分公司也在开展洗剂的开发，我早就知道澳大利亚分公司在进行合成洗剂的代工产品开发，但我一直都不看好合成洗剂的开发。这次总部叫停洗剂开发，应该是针对澳大利亚和阿根廷市场的廉价合成洗剂，而不是所有洗剂。

对日本分公司的总经理来说，他没有任何理由为了这样一个对销售额贡献不大的商品而和美国总部的CEO对立。即便叫停洗剂开发是美国总部CEO的决定，但是在日本市场推出与普通的合成洗剂完全不同的复合洗剂几乎没有任何风险。而且正如我在前文中提到过的那样，对于N系统这个全新的销售系统来说，能够增加顾客黏性的消耗品是必不可少的。总之，消耗品与新销售系统就像是一辆车的两个车轮，缺一不可。而目前已经走到最后一步的复合洗剂，是消耗品的关键。不仅如此，针对进军洗剂市场这个原本结论为NO的假设之所以能够变成GO，背后充满了合作开发伙伴以及销售人员的辛勤汗水，怎么能轻言放弃。但美国总部CEO的决定对今后的发展有着非常严重的影响，这也是毫无疑问的事实。

　　之所以会出现这样的问题，归根结底是因为总公司的管理范围太大，而地区的CEO虽然承担着重大的责任，但是却没有最终决策权。还有一个原因，就是美国总部难以准确地把握各地区的经营战略，美国总部CEO的权限与市场的认知度之间存在偏差。

　　当然，所有的外资系企业之中都或多或少存在类似的问题。要想解决这一问题，职业经理人必须想尽一切办法管理自己的上司，尽管充满了挑战，但也乐在其中。

（4）开拓前进的道路

　　俗话说打铁要趁热，所以行动越快越好。虽然从政治的角度来看可以很简单地给一件事打上休止符，但这样一来大家之前的努力就全都白费了。而继续执行下去的话，确实存在成功的可能。"GO"与"NO GO"，成败之间，为了再一次接近"GO"的目标，我制订了一个背水一战的"开路"计划。

　　管理，英语是"management"，从字面上来看，管理主要是指上级管理下级，很容易让人忽视自己对上司的管理。但实际上，自我管理与管理上司同样是工作中非常重要的组成部分。如果说上司管理占管理职工作内容的50%，那么其中就有许多要做的事情。一个真正懂得工作方法的人，根本没时间去抱怨上司。如果用理论无法说服对方，那就采用理论之外的办法。我为了将日本分公司的总经理拉拢到自己这边，制订了3个计划。

第一个计划就像开发壶型净水器"A-SLIM"的时候一样，我直接向亚太地区的市场营销负责人说明了复合洗剂的项目。他与日本分公司的董事长属于同一级别，而且与日本分公司的董事长关系也不错。他在商品开发上具有很强的影响力，在美国总部有广泛的人脉。最重要的是，他是一个很重视逻辑和事实的人。我必须让他理解，日本的复合洗剂与澳大利亚和阿根廷的合成洗剂无论在产品内容上还是在战略位置上都完全不同。幸运的是，因为我开发的厨房用具和干制食品等商品取得了不俗的销量赢得了他的信赖，所以他对我提出的意见持积极采纳的态度。后来他也成为日本和美国总部之间传递信息的重要桥梁。

第二个计划是在日本全国范围内对2000人开展模拟调查。调查对象包括普通消费者和销售人员。因为之前我们已经针对120名消费者开展过为期一个月的试用调查，所以这次对消费者的试用反应调查除了数量上是之前的20倍之外，只相当于重新验证。但我这样做有两个非常重要的目的。在美国总部的CEO做出"NO GO"的指示之前，日本分公司就已经做出了"GO"的决定，E公司已经根据实际的生产开始时间表做出了准备，并且与原材料供应商和容器供应商等进行了采购的交涉，日本方面也让委托生产工厂准备增加生产线，可以说生产准备体制已经基本就绪。因此，一旦项目被冻结，就算今后项目能够再开，也会造成时间上的极大浪费和延误。而且复合洗剂对成本的要求很高，因为之前已经和原材料供应商就采购成本达成了一致，如果现在停止采购，今后再想以同样的条件采购恐怕存在很大的困难。总之，现在是箭在弦上不得不发的状态，既然是要提前将商品推向市场，那么拖延下去绝对是有百害而无一利。

于是我决定放手一搏，向E公司说明了美国总部的情况，让他们也做好准备，争取利用这20倍的事实迫使日本的负责人做出决定。

还有一个目的就是通过针对2000人的模拟调查，实际上完成新商品的事前发表会。说是拉拢草根阶级的粉丝也不为过。因此，我将调查对象选为在全国范围内最有发展潜力的10家销售公司（代理店），将该销售公司旗下最有积极性的优秀销售人员和顾客都囊括进来。此外，在安排手下的所有员工前往各地区召开说明会的同时，我也在时间允许的情况下亲自前往现场，向各个销售公司传达消耗品战略的重要性和复合洗剂的优势。

最后是第三个计划。不管最后的结果是"GO"还是"NO GO"，都需要日本分公司做出最终的决定。因此，我计划让E公司直接向S公司的管理层提出最终提案，并且当场讨论并做出最终的判断。如果判断的结果是"NO"，那么就彻底终止复合洗剂的开发。E公司除了针对2000人的调查报告之外，还准备了非常详细的说明资料。我参加了E公司的说明会演习，提出了我能想到的所有问题，做好了最周全的准备。因为相关内容已经在公司内部的经营会议上进行过非常充分的讨论，所以最终提案的说明会对双方来说都是做出最终判断的一场仪式。

我实施的这3个背水一战的计划，除了得到香港的亚太地区总部的支持之外，每个计划都是在得到日本分公司负责人的确认后才执行的。在每个计划得到我的上司也就是日本分公司的总经理许可的时候，我都感觉又多看到了一丝希望的曙光。事实上，如果第2和第3个计划遭到否定的话，那么整个计划就会彻底失败。

这3个计划发挥出了超出我预期的效果。日本分公司的董事长也是拥有现场销售经验的销售人员。他了解日本与美国在国情上的不同，知道销售环境在这20年来发生了巨大的变化，也理解奋斗在销售第一线的销售人员的烦恼。他很清楚为了实现"Foot in the door"，推出一款能够让顾客重复购买的商品究竟有多重要。要在逻辑上说清楚这3个计划非常困难，但是在与上司交流的课题上，即便过程是灰色的，但只要最终能够解决问题就一切OK。

最终，公司领导对复合洗剂项目做出了"GO"的决定，但只允许"测试"销售。这还是日本分公司总经理与美国总部交涉后所争取到的最大限度的让步。不过，允许测试销售实际上就是允许将商品推向市场。只要商品本身质量过硬，能够得到销售人员和忠实顾客的支持，那么最终肯定会顺利得到正式销售的许可。也就是说，不管是测试销售还是正式销售，本质上都是一样的。

就这样，我们决定执行在日本国内展开测试销售这一"次优解决办法"。在美国总部的下一年度计划说明会上，我将面向包括总部CEO在内的董事会成员，说明由我负责的日本新商品计划和新销售系统。一开始我并没有将复合洗剂计划加入说明内容之中，但最终我还是一边观察着美国总部CEO的脸色，一边小心翼翼地说明了这部分的内容。美国总部CEO虽然没有任何表态，但从他只要认为不行就肯定会激烈反对的火爆脾气来看，应该是选择默认测试销售。日本分公司的总经理之前一直都很担心，这回心里的大石头总算是落了地。

（5）挑战测试销售

经过这一系列的流程，复合洗剂项目终于来到了流入市场的最终阶段。S公司与E公司之间签订了与开发、销售相关的共同开发合约与垄断销售合约。

首先推出的商品有两种，分别是厨房用液体洗剂和厨房用清洁膏，都是600ml的标准装，同时还会捆绑2～3个替换装的套装。同时也开始准备商品名称、包装设计、促销材料等内容。根据2000人模拟调查的结果，在考虑区域推广的基础上反复修改销量预测和生产计划，并顺利推进生产准备制度。在名古屋地区展开了为期半年的测试销售之后，S公司决定将销售范围扩展到日本全国。

在以这款洗剂为主的新商品群与新销售系统展开后大约1年的时间里，新商品群就贡献了50亿日元的销售额（当时S公司的年销售额约270亿日元，新商品的贡献度约为19%）。此外，因为开发与市场营销费用几乎都由开发企业承担，结合从新的销售系统的资源再分配中产生的总公司的利益吸收部分，新商品的利润额约为税前20亿日元，在当时为S公司的销量增长和收益改善做出了巨大的贡献。

　　虽然直销这种销售系统具有其特殊性，但从在公司内部开创新事业的方面来评价的话，取得50亿日元的销售额与20亿日元的销售利润绝非易事。我之所以能够取得这种成功，完全是因为我时刻将两个思考“零基思考”“假说思考”，两个技术“MECE”“逻辑树”，以及解决问题的实践方法“解决系统”放在心头。如果再加上一点，那就是在商业活动现场的实践之中，积极面对挑战的态度也是必不可少的。

后 记

怎样才能解决问题？

为了解决企业经营上的问题，我曾经与许多的商务人士和咨询顾问一起合作处理过许多问题。在这个过程中最让我在意的就是，不管是职场新人还是高层管理者，每个人解决问题的能力差距极大。

大家都读过那些畅销的商业书籍和管理理论书籍，有的人甚至在商业学校专门学习过各个领域的实践解决方法。即便如此，很多人仍然思考得不够深入，提出的解决办法看似很有道理，但实际执行起来却困难重重，甚至有时候迟迟想不出解决的办法。按理说被选为解决问题项目组成员的人，至少应该对自己工作的现场以及自己身处的行业有非常深刻的理解，管理顾问应该熟练掌握解决问题的框架才对。

奋战在商业活动最前线的商务人士，每天为了完成日常业务就已经竭尽全力。所以当他们发现问题的时候，可能甚至没有思考解决办法的时间，或者没有将其他部门都动员进来一起解决问题的习惯，于是就变成了只会评论，但无法提出解决办法的人。

而新入职的咨询顾问，并没有掌握思考方法的本质，只会一味将他们在商业学校里学到的框架套用在客户的问题上，结果经常出现偏差和冲突。

但是，同样也有能够准确定义问题，并且能够提出合理的解决办法和付诸行动的具备出色的解决问题能力的人。这些人不一定拥有丰富的知识，也不一定拥有强大的能力，但是他们一定能够认真仔细地思考，敢于自己承担责任，并且拥有根据自己的结论（假设）积极执行的能力。

为了回答"怎样才能解决问题"这个非常单纯的问题，同时也为了能够让更多的人成为优秀的解决问题的专家，是我创作本书的初衷。

本书的特征是什么？

本书中介绍的解决问题的思考方法和技术，就像是扑克里的王牌。因为这些思考方法和技术对商业活动中任何情况、任何立场的人都会有所帮助。正如我在本书中再三提到过的那样，这是任何人在无意识中都会使用的最基本的思考方法。而本书对这些内容进行系统性地整理后，将其变为能够下意识地应用在商业活动现场的东西。

但是，要想让这些思考方法与技术能够在任何情况下对任何人都有帮助，那就必须同时满足"理论的泛用性"和"应用的具体性"。为了满足"理论的泛用性"，我将两个思考方法"零基思考""假说思考"，两个技术"MECE""逻辑树"，以及综合了这二者的一个流程"解决系统"这5个基本的思考方法都整合到了一起。也就是将解决问题的概念尽可能地简单化，排除了一切以提高逻辑思考能力为目的的知识框架和应用理论，只保留了最关键的部分。至于"应用的具体性"，我在书中介绍了诸多各种商务场合中实践了上述思考方法的实际案例。

本书的最终目的不只是让大家单纯地"明白"这些解决问题的方法，更是为了让大家在商业活动的现场"能够执行"解决问题的方法。因此，"单纯"的主旨非常重要。

在任何企业之中，必然会存在一个解决问题的人。这个人就是企业的最高负责人，也就是总经理。无论企业规模怎样，总经理应该运用能够打破部门界限的"零基思考"，在24小时之内想出对整个企业来说最合适的解决办法。即便信息不足，也必须在有限的时间之内做出结论。这正是"假说思考"派上用场的时候。此外，为了应对各种各样的课题需要对经营资源进行最合适的分配，这就需要按照"MECE"思考，并用"逻辑树"来检查和具体化，用"解决系统"提出解决办法的替代方案，最后进行验证和评估。从这个意义上来说，本书为创业初期的创业者解决现场问题时提供了一套思考方法与技术的体系。

为什么当今时代需要解决问题的思考与技术？

企业面对范式突变（组织的崩坏），也就意味着企业中的每个人都面对范式突变。在商业环境变化愈加剧烈的当今时代，企业更需要彻底贯彻和加强自身的优势。总之，企业最应该做的是将资源集中在附加价值最高且最有优势的地方，以提高自身竞争力为主要方向。

这种趋势也同样反映在企业的人事评价制度和人才培训制度上。企业从传统的平均型人才培训，转变为看重成果的选拔式人才培训。正如我在第三章开头部分提到过的那样，企业在加强公正评价和培养"UP型人才"的同时，也让"OUT型人才"在严格的筛选制度中自动被淘汰。

在这样的环境下，如何客观地认识自己的市场价值，在保持干劲（WILL）的同时提高能力（SKILL）就成了每一名员工最重要的课题。即便不同专业和职业所需的能力各不相同，但企业追求的是能够稳定发挥能力的专业人士。企业也会根据专业人士创造的价值给予其相应的评价与待遇。因为这样的专业人士在任何企业中都能够发挥自己的作用，所以对市场价值非常敏感，今后的跳槽也将愈发频繁吧。

那么，提高自身市场价值最基础也是最重要的技能是什么呢？我认为就是解决问题的能力。无论想成为哪个领域的专业人士，首先都要从成为"解决问题的专业人士"，从最大限度地提高自己作为"UP型人才"的市场价值开始。对于那些以成为充满干劲的"UP型人才"为目标，却不知道究竟应该怎样做的人来说，本书一定能够给你提供帮助。

今后解决问题的方法是什么？

正如我在第一章开头部分提到过的那样，从"明白"到"能够执行"，再到"取得好的结果"，需要投入巨大的精力。而"明白"与"能够执行"之间并非是做加法而是要做乘法，任何一方为0的话，结果都将是0。与 $1 \times 0 = 0$ 相比，$0.7 \times 0.7 \approx 0.5$ 的结果要好得多。因此，将解决问题与执行连成一个整体并自主推行尤为关键。

别人提供解决方法，并且"说服"你让你去做，与凭借自己的力量思考解决办法，在"理解"的基础上执行，其结果有着天壤之别。因为解决问题的方法本身也在不断发生变化，所以要想成为"解决问题的专业人士"，就必须像自动追踪导弹那样，"一边行动一边解决问题"。

我曾经作为咨询顾问和大型家庭用品生产企业的高层管理者，站在各种不同的立场上解决过各种各样的问题。我根据这些经验总结出来的结论就是，自主解决问题往往能够取得最好的结果。

现在我在帮助企业解决问题的时候，为了最大限度提高对方自主解决问题的能力，往往会采取"合作解决"的方法。这样做的目的是让企业能够自主地解决问题。我在对企业的负责人和项目组进行提高解决问题能力的训练的同时，还举办研讨会亲自作为提高讨论活跃度的媒介，帮助他们制定解决方案。在必要的情况下，我还会组建一个由各领域专家组成的合作小组，给解决问题提供强有力的援助。合作即是为了解决问题而共同行动的意思。到目前为止，这个"合作解决"的方法无论是在帮助环境变化剧烈的电脑相关行业和医药品相关行业制订发展计划，还是帮助相对比较成熟稳定的食品和饮料行业成立新的事业，都发挥了巨大的作用。

　　此外，我还面向企业推出了解决问题的培训活动。这项活动以为期2～3天的研讨会型训练为主。外企咨询公司、金融机构、人寿保险公司、广告公司、电脑设备生产企业、百货商店、贸易公司、制药企业等许多企业都参加过这项活动。本书也可以说是这项培训活动的教科书。

　　最后，我想借此机会向一直以来给我提供学习解决问题基本能力的场所与机会的麦肯锡公司及客户企业致以最诚挚的谢意。另外，我还要向在我执笔本书时给我提供了诸多宝贵建议的现 First Press 股份有限公司的代表法人（钻石哈佛商业评论前主编）上坂伸一先生，以及为本次新装版发行做出诸多贡献的钻石哈佛商业评论主编岩崎卓也先生、副主编木山政行先生、田中顺子女士、Info Navi 有限公司的代表法人上野佳惠女士致以最衷心的感谢。

Business Collaboration

代表　斋藤嘉则

© 民主与建设出版社，2020

图书在版编目（CIP）数据

工作的原理. 解决问题篇 / (日) 斋藤嘉则著 ; 朱
悦玮译. -- 北京 : 民主与建设出版社, 2020.07（2022.2重印）
　　ISBN 978-7-5139-2736-9

Ⅰ. ①工… Ⅱ. ①斋… ②朱… Ⅲ. ①工作方法—通
俗读物 Ⅳ. ①B026-49

中国版本图书馆CIP数据核字(2019)第235030号

[SHINPAN] MONDAI KAIKETSU PROFESSIONAL SHIKO TO GIJUTSU
By YOSHINORI SAITO
Copyright © 2010 YOSHINORI SAITO
Chinese (in simplified character only) translation copyright ©2019 by Ginkgo (Beijing) Book
Co.,Ltd.
All rights reserved.
Original Japanese language edition published by Diamond,Inc.
Chinese (in simplified character only) translation rights arranged with Diamond,Inc.
through BARDON-CHINESE MEDIA AGENCY.

本简体中文版版权归属于银杏树下（北京）图书有限责任公司。
版权登记号：01-2019-5790

工作的原理·解决问题篇
GONGZUO DE YUANLI·JIEJUE WENTI PIAN

著　　者	〔日〕斋藤嘉则
译　　者	朱悦玮
责任编辑	王　倩
特约编辑	李雪梅
封面设计	棱角视觉
出版发行	民主与建设出版社有限责任公司
电　　话	（010）59417747　59419778
社　　址	北京市海淀区西三环中路 10 号望海楼 E 座 7 层
邮　　编	100142
印　　刷	华睿林（天津）印刷有限公司
版　　次	2020 年 7 月第 1 版
印　　次	2022 年 2 月第 3 次印刷
开　　本	889 毫米 ×1194 毫米　1/32
印　　张	7.5
字　　数	153 千字
书　　号	ISBN 978-7-5139-2736-9
定　　价	39.80 元

注：如有印、装质量问题，请与出版社联系。